陰と陽

石井東吾

歩み
続ける
ジークンドー

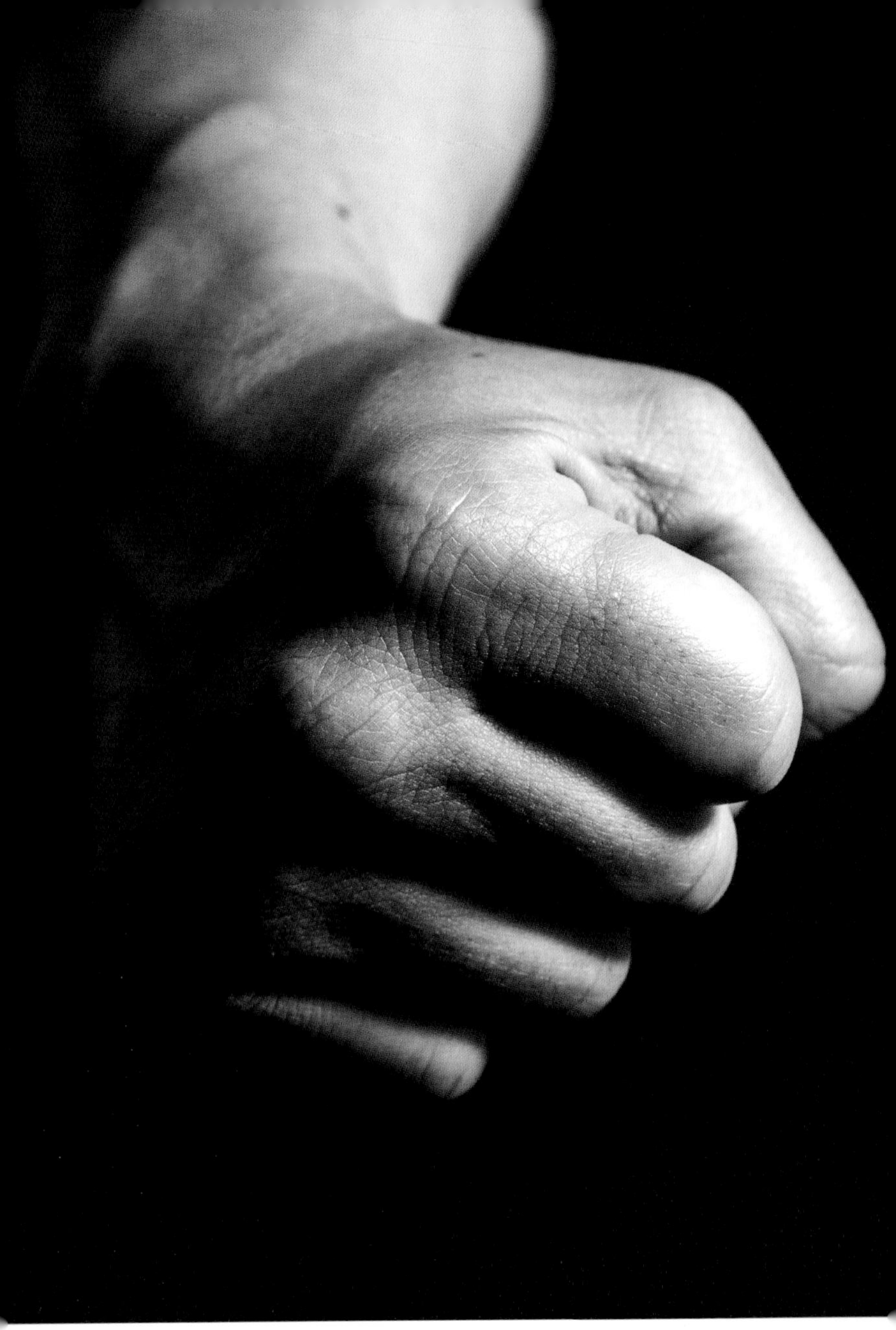

陰と陽

歩み続けるジークンドー

パソコンを開いて、かれこれ3時間が経過している。書いては消し、書いては消し、なかなか前に進まない。注文したメロンクリームソーダはとっくに飲み干し、溶けた氷が薄緑色になっている。

スマホで原稿を書くことが、なぜかできない。メモ代わりに思い立った言葉を残すことはあるが、執筆はパソコンでなければ気分が乗らないのだ……と一丁前なことを言っているが、いまだ修行の道半ばの身である武術家の自分が、稽古場の外――表舞台に出る未来など予想だにせず、ましてや本を書くなどとは思いもよらなかった。人生とは奇縁の連続で、どのように流れるか分からないものだ。

僕が世に出るきっかけとなった打撃技の一種、〝ワンインチパンチ〟は、しばしばジークンドーの代名詞のように扱われる。しかしこれは、ジークンドー特有の合理的な構造を理解し、その構造にエネルギーを乗せる方法を身につければ、ほんのわずかなモーションでも相手に強大な力を伝えることができるということを、分かりやすく見せるための一つのデモンストレーションにすぎない。

これから読んでいただくこの本では、ジークンドーという武術との出会いが一人の男の人生にどれほど大きな影響を与えたのかが、僕の自伝のかたちで書き記されている。願わくばそこから、ジークンドー本来の魅力を一端でも知っていただきたい。これが本書を執筆する一つの大きな動機となっている。

そして本書のタイトル、『陰《いん》と陽《よう》』――。

太陽と月、空と大地、昼と夜、合理と直感、プラスとマイナス。それらは正反対で対立するものと考えられがちだ。

YouTubeでさまざまな武術家や格闘家と交流し、テレビなどのメディアにも出演して見せてきたジークンドー・インストラクターとしての僕の姿を「陽」とするなら、もちろんインストラクターではない姿――つまり「陰」の側面がある。本書は、その僕の「陰」の部分を、初めて自分自身の言葉で綴ったものである。

と、ここまで、初めての自著でのご挨拶を書くのにとても緊張していて、若干硬い。武術の先生という立場で普段の稽古をする時、生徒にいつも「脱力、脱力」と言っている〝脱力おじさん〟の自分がこんなに硬くては先行きが不安になる。

人は誰しもさまざまな立場の自分というものを持っている。

僕も例外ではなく、家族を持つものとして、師匠の弟子として、社会人として、武術のインストラクターとして、『ワンインチチャンネル』の東吾先生として、さまざまな立場での自分が存在するのだ。

ジークンドーとは、不世出の武術家、ブルース・リーが創始した徒手空拳の武術である。広東語で〝Jeet〟は「截《さえぎ》る・止める」を意味し、〝Kune〟は「拳」を、〝Do〟は「道」を意味する。これらを合わせてJeet Kune Do（ジークンドー）と呼び、直訳すると「拳を截る方法」という意味になる。

ブルース・リー始祖は、ジークンドーのシンボルに陰と陽の太極図を用いた。それは、この宇宙のすべての存在が、陰と陽から成り立っていることを示している。完全な陰、完全な陽はない。昼の極まりは正午だが、それは同時に夜の始まりでもある。陰極まれば陽となり、陽極まれば陰となる。陰と陽は、本来「一つのもの」なのだ。そして陰陽のシンボルを囲むように添えられた矢印は、そうしたサイクルが永遠に途切れることなく流転していることを示している。

稀代の思想家でもあったブルースは、陰陽が調和した理想の姿を「水」にたとえた。水は、変幻自在、融通無礙《ゆうずうむげ》に姿を変えながら、地球上のすべてのいのちを生かし、育てる。液体として流れるだけではない。気体（空気）となって自由に流動し、いのちあるすべての場を満たす。地球上の万物は、水なしではいっときたりとも生きられない。その意味で、我々は水のなかで生きている。しかし、この慈しみの象徴である水は、常に破壊のエネルギーを秘めており、ときに激しく流れて、その力を揮《ふる》う。まさに慈愛（陰）のなかに破壊（陽）を秘めているのである。

僕がこれまで学んできたジークンドーは、決して道場での稽古だけのものではない。ジークンドーとは、まさしく「水」になるための修行であり、行住坐臥《ぎょうじゅうざが》、生き方そのものなのだということを、僕は恩師であるヒロ渡邉《わたなべ》先生と、ヒロ先生の背中の向こうのテッド・ウォン先生、そしてブルース・リー始祖を通して学んだ。

インストラクターとしての僕の「陽」も、それ以外の「陰」も、すべてが僕のジークンドーであるといえる。本来「一つのもの」である「陰陽」を、あえて「陰と陽」とし、それを本書のタイトルとしたのは、これまで語ってこなかった「陰」の部分を抜きにして、僕のジークンドーはないからだ。

陰陽の調和は、「水」のように、常に流転してやまない永遠の未完成でもある。生き方そのものがジークンドーである以上、もちろん僕のジークンドーにも終わりはなく、その求道はきっと死ぬ瞬間まで続くだろう。

この本はその道中で、これまでの僕のジークンドーの「陰と陽」をありのままに記したものだ。言葉は拙《つたな》く、文字は及ばない。ただ拙くても、一字一句、自分の言葉で綴ったそこに込めた思いを、肩ひじ張らずに〝感じて〟いただけたら幸いである。

目次

撮影
カバー／フォトページ（巻頭／巻末）
写真　HIRO KIMURA
ヘア＆メイクアップ　髙取篤史

フォトページ（巻中）
スタイリング＆クリエイティブ・ディレクション　TEPPEI
写真　Kodai Ikemitsu
ヘア＆メイクアップ　TAKAI

装丁　石井勇一（OTUA）

編集協力　アルタープレス合同会社
組版協力　金井久幸（TwoThree）
DTP　株式会社明昌堂

Special thanks to all our one family.

第一章

THINK

はじまり

わくわくしていた。２０２０年3月15日。僕は大田区中馬込のＹＳＡ（Yamamoto Sports Academy）にいた。格闘技の〝神の子〟と言われた、あの山本〝ＫＩＤ〟徳《のり》郁《ふみ》選手が所属していた総合格闘技ジムだ。偶然にも、その日は故ＫＩＤ選手の誕生日だった。

柔らかな午後の陽射しが窓から差し込み、よく清掃の行き届いたジムの中を照らしている。僕の目の前には、身長１７９㎝、体重74・６kg、体脂肪率６・６%、骨格筋量66・１kgの現役ＲＩＺＩＮファイター――矢地《やち》祐介《ゆうすけ》選手が、使い込まれた赤いミットを胸に身構えている。その顔には、明らかに半信半疑の表情が浮かんでいた。

つい先ほどのデモンストレーションで、僕の弟子である平良《たいら》さんを相手に放ったあの打撃の感覚を残したまま、僕は再びミットの表面に指先を伸ばし構えをとる。緊張はしていない。僕はこの瞬間、全身を脱力して後ろに引いた足の母指球《ぼしきゅう》にかかる重力を感じつつ、身体のなかにイメージで創り上げた〝管〟にそのエネルギーを通し、刹那に右拳に運ぶさまをイメージしていた。呼吸は自然だ。しつこいようだが――わくわくしていた。

いままさに水面に向かって投げようとする小石の波紋をどこまで広げることができるのか。それがこの1発のパンチに込めた思いだった。1967年、アメリカのロングビーチで開催された空手大会で、こうして同じように構えをとったかつてのブルース・リー始祖も、そんな思いだったのだろうか。あの日のデモンストレーションで始祖の放った1発のパンチこそ、すべての始まりだったのだ。

僕が20年以上にわたり学び続けている武術、ジークンドーは、映画スターとしても有名なブルース・リーが創始した。「創始した」と簡単に書いてしまっているが、32歳という短い生涯で一つの武術を創り上げ、いまもなお多くの人々を魅了し、世の中にムーブメントを巻き起こしているということがどれほど凄いことか、とうてい語り切れない。

彼がその人生をかけて追い求めた徒手空拳の戦闘体術であるジークンドーは、スクリーンで見られるような華々しいアクションとは違い、その動きはとてもシンプルで飾りがなく、ルールのない路上の実戦において効果を発揮させるため、実に科学的に構築されている。

いつだろうか。思い起こせば僕がブルース・リーの存在を初めて知ったのは、小学校低学年の頃。当時の僕は父親の影響からアクション映画が大好きな少年で、家にはその種の作品を録画したVHSテープがたくさんあり、暇さえあれば食い入るようにそれらを観ていた。

字幕もまだ満足に読めなかったが、それでもシルベスター・スタローン、アーノルド・シュワルツェネッガー、ブルース・ウィリスは僕のヒーローだった。スタローンが演じていたように冷めたピザをハサミでパチンと切って食べ、シュワちゃんを真似て自分の顔にマジックで無数の太い線を描き、誤ってガラスの破片を裸足《はだし》で踏んでしまった時には、ブルース・ウィリスと自分を重ね合わせてニマニマしたりと、僕の生活の端々には常に映画のヒーローが潜んでいたのだ。

そして、世界中の観客がブルース・リーの洗礼を受けた伝説の作品『燃えよドラゴン』(1973年公開)。

僕とブルース・リーの出会いはここから始まった。ほかのヒーローたちとは異なる細く鋼《はがね》のような肉体、〝怪鳥音〟と呼ばれる叫び声とともに繰り出されるパンチやキックの速さと力強さ、美しさ。そして何よりその鋭い眼光が小学生の僕に与えた衝撃は、自分にとってのヒーローランキングを一瞬でひっくり返すのに十分過ぎた。

当時の僕が一番お気に入りだったシーンはいまでも変わらない。それは敵のアジトの地下で、主人公のブルースがバッタバッタと敵をヌンチャクで倒した後、罠にかかり閉じ込められてしまうシーンだ。ブルースは眉一つ動かすことなく、手にした黒いヌンチャクを自分の首にかけ、姿勢よくそこに胡坐《あぐら》をかく。豪快なサイドキックで敵を蹴り飛ばすシーンでもなく、ヌンチャクで敵をなぎ倒すシーンでもなく、小学生の僕はこのシーンに痺れてしまったのだった。

僕が知っていたほかのヒーローたちなら、こうして閉じ込められた際はどうにかして危機から脱出する方法を考え、実行するだろう。道具を使うなり、何らかの手立てで脱出をはかるはずだ。しかしブルースは一切狼狽《うろた》えることなく、扉をこじ開けようとも、爆薬を仕掛けようとも、出口を探そうともせず、ただそこに座り、足を組み、まるで座禅をしているかのように〝無〟になる。ここが僕に「このヒーローはちょっと違うぞ」という、特別な思いを抱かせたのだった。

幽閉された場面で敵の煽りにも動じず、一切言葉を発しないその姿に感じる不思議なカッコよさ。それは、急激な動から静への意外な転換と、絶体絶命のピンチにもかかわらず、どちらが窮地に追い込まれているのか分からないほどのブルースの余裕に秘められた怖さ、奥深さからくるものだったのだと思う。

こうして小学生の僕はブルース・リーに出会い、その魅力に熱狂していたが、やがてほかのことに興味を持ち始め、学童野球を始めて忙しくなったことなどから、彼の映画を見る機会はなくなっていった。

　野球を始めたきっかけは何だったのか明確に思い出せない。両親に勧められ、仲のよかった友達もやっていたため、いつのまにか流されるようにチームに入っていた。

　あつらえたユニフォームは「すぐに大きくなるだろう」とブカブカのものだったが、悲しいかな両親の思惑通りにぐんぐんと成長することはなく、2年くらいはブカブカのままだった。思えば現在の僕が服選びの際にサイズ感を重要視するのは、この経験が原因なのかもしれない。両親に言われた通り毎日苦手な牛乳とニボシを健気に摂取していた僕は、必ず大きくなると信じていたのだが、その結果はまぁ、いま見ての通りだ。報われない努力もあるらしい。人生は学びの連続である。

野球少年

　僕の父はいわゆるスポーツマンだった。高校時代はものまね芸人の清水アキラさんと同じスキー部に所属し、大変厳しいトレーニングをこなしていたらしい。その当時の父は、栃木県の佐野市から九十九里浜の白子海岸まで歩いて旅をしたという。経緯は不明だが、その道中で譲り受けた乳母車を押しながら、当時舗装も不十分だった道を200㎞近く歩いて旅したことは新聞にとり上げられた。父からはそういった訳の分からないさまざまな武勇伝を何度も聞かされたものだ。そして、そんな話を聞くのが僕は大好きだった。

僕が幼稚園に入園した頃、空手を学んでいた父は、それこそブルース・リーのような頑強な肉体を誇っていた。幼い僕は当時住んでいたアパートの近くにあった道場へ行き、稽古中の父をただ黙って見ていた記憶がある。子供ながら道場に張り詰める厳格な空気を感じとっていたように思う。僕が空手を始めることはなかったが、家で突き方や蹴り方を教えてもらったり、サイや六尺棒、赤樫製の八角ヌンチャクは当たり前のように家にあり、父がそれらを使う姿を目にしていた。

思えば幼少期、こうした形ですでに武道というものに触れていたのだ。父が空手の組手の全国大会で準優勝すると、その結果に僕は大いに喜んだ。当時の父の稽古映像はいまも実家で大切に保管している。

一番印象的だったのは、幼稚園で開催される親子水泳大会の時だった。バキバキに鍛え上げられた父の身体はどのお父さんよりも精悍で、加えて父は若く、まあまあカッコよかった。もちろんその水泳大会でも危なげなく1位をとり、何も特技がなく目立つこともなかった僕は、それがとても誇らしかった。

そんな父のただ一つの教えは「やる時はやる」だった。いったい何度聞かされたか分からないこの言葉は、いまもずっと僕の心に根付いている。遊ぶ時は遊び、勉強する時は勉強する。至極当たり前のことだが、武術の指導者となったいま、シンプルなこの言葉の重要性を噛みしめている。

メリハリをもって、その瞬間瞬間に全力で集中する。もっと武術的に言えば、自分の身を護らなければいけない状況になり、いざ立ち会った場合は躊躇《ちゅうちょ》なくヤルのである。日常からこのような心構えでいることは、僕の考える武術家のあるべき姿勢としてとてもマッチする。ありがたいことに、僕はいまでもこの言葉に生かされているのだ。

父はとにかく僕を鍛えた。学校の授業が終わって学童野球から帰り、夕食を食べて風呂から出ると、毎晩地獄のストレッチの時間がやってくる。「柔軟はすべての運動の基礎である」という父の言い分から、僕はほぼ強制的に毎日のストレッチをやらされていたのだ。

そもそも〝柔軟性〟とは筋肉と腱などが伸びる能力のことで、一般的に身体が柔らかいことを「柔軟性が高い」というが、それは大きく二つに分けることができる。座

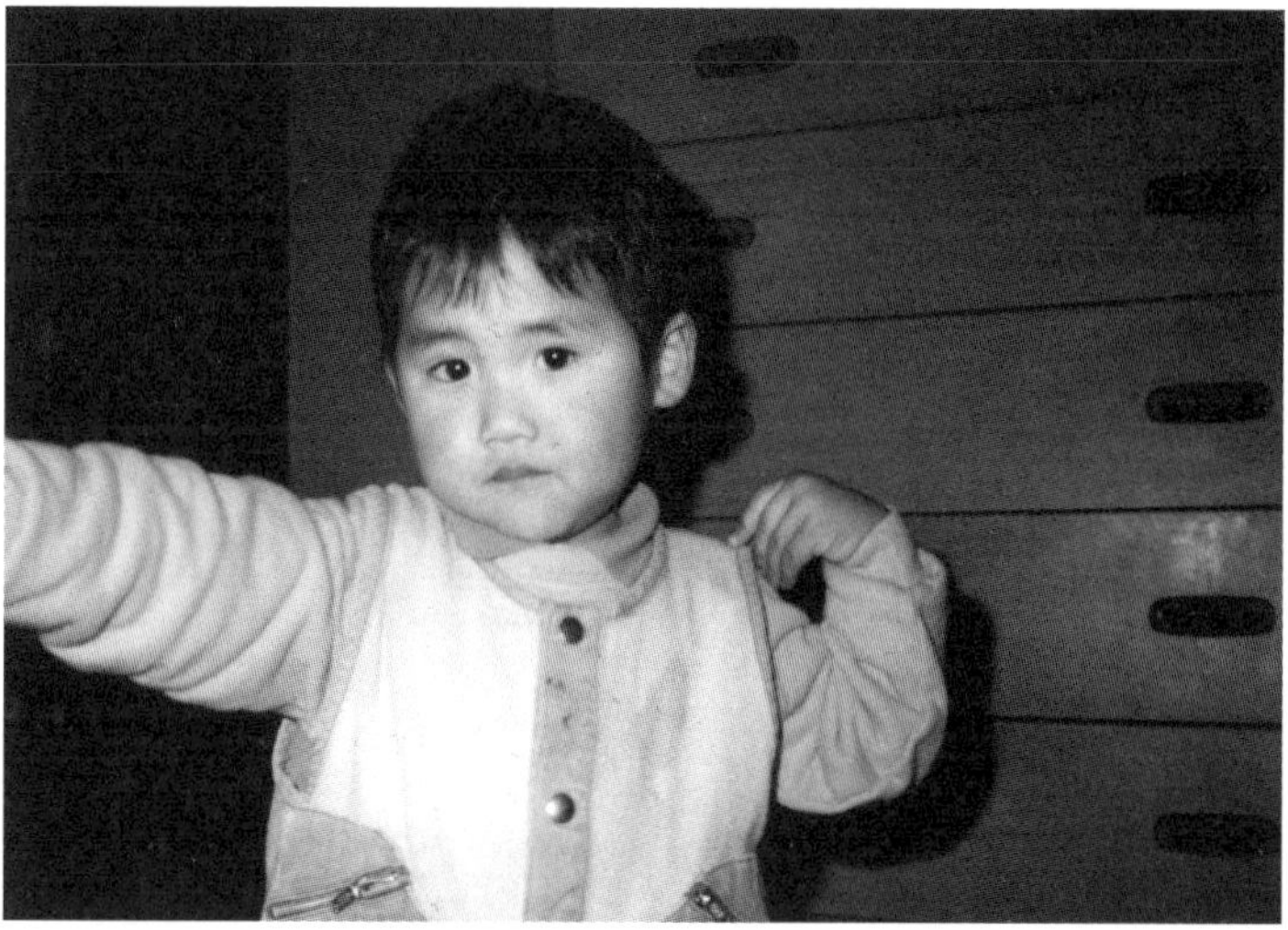

幼少期。ストレートリードの片鱗？

父の防具を着けて

った状態や立った状態から反動や弾みをつけずゆっくり筋肉を伸長させていく静的柔軟性、そして動きのなかで身体の関節や筋肉を伸び縮みさせる動的柔軟性である。

父が僕に叩き込んだストレッチは、この両方の柔軟性を高めるためのものだった。父の愛情こもった（と言うことにしておこう）手ほどきを受けながら毎晩こだまする叫び声、うめき声は月日が経つとともに次第に減っていき、気づけば僕は学校中の誰よりも身体が柔らかくなっていた。それは僕に大きな自信を与えたが、柔軟性を得ても僕の運動神経は人並み以下だった。

マラソンも短距離走も順位は下から数えたほうが早いし、ずっとできなかった逆上がりが初めてできたのは小学2年生の時、クラスの女子の山根さんに尻を蹴飛ばされた勢いでやっと成功したのだ。果たしてそれが成功と呼べるかは分からないが、そこから何となく逆上がりはできるようになっていったので、山根さんにはいまでも感謝している。

そんな運動音痴の僕が、こと野球というスポーツに限っては、なぜかこの上ない才能を発揮し、打ってよし、投げてよし、守ってよし、チームの要となったのだった……というのは夢のまた夢の話で、人並み以下の運動神経に見合った、ただただ平凡な野球少年だった。

小学生時代の思い出の地は何処かと聞かれたら、僕はあの河原のグラウンドを思い出す。

休日の学童野球ではだいたい早朝7時にグラウンドへ集合し、練習や試合でヘトヘトになって夕方帰宅する。あとは風呂に入り埃《ほこり》と土にまみれた身体をさっぱり洗い流し、ポテチをつまみながらテレビゲームでもしてゆっくり過ごしたいところだ。しかし僕にはそんなのんびりした時間は許されなかった。泥だらけのユニフォーム姿のまま、家の近くの河原にある使われていない秘密の野球グラウンドに父と護送車、いや、車で向かう。後部座席では、いったいどこで調達したのか、スーパーの買い物籠《かご》いっぱいに詰め込まれたC号の軟式ボールが、1週間ぶりに出番がくることを喜んでいるかのように車の振動に合わせて小気味よく弾んでいる。僕の気も知らず暢気《のんき》なものだ。

ご機嫌な軟式ボールの、1週間前には付いていたはずの汚れはよく拭きとられていた。護送車、いや、車の窓から見える景色は夕陽の色を帯び始め、僕を一層メランコリックな気分にさせたが、泣き言を言っても仕方がない。「いい動きを見せつけてとっとと切り上げ、一刻も早く家に帰るのだ」と、目的地のグラウンドに着く間に気持ちを切り替える。やる時はやるのである。というよりも、もはや逃げるすべもなく、この場合やるしかないのである。

河原に着いた僕はバックネットを背にして腰を落とし、グローブを地につけ構えをとる。地獄のノックの始まりである。セカンドという僕のポジションは、ショートと連携してピッチャーの後方を守り、状況に応じてセンターの手前から一塁後方までをカバーする。守備範囲が広く適切な状況判断が必要なことから、セカンドはショートと並んで高度な守備技術を要求される。チームの足を引っ張らないよう、少しでも上手くならねばならないことは自分でも分かっていた。

籠いっぱいに詰め込まれたボールは1球1球遠慮なく、1日分の疲労を溜めた僕をめがけて飛んでくる。僕がいるこのグラウンドは丁寧に整備されたものではなく、いまは誰にも使われていない、デコボコで所どころ草の生えた状態だったので、父の放った打球は接地するとたびたびイレギュラーし、顔面にヒットすることもしばしばだった。父は「集中しないから顔に当たるんだ」などと悪魔のようなことを言う。

僕はこのデコボコのグラウンドを恨んだ。守備のなかで苦手だったのはショートバウンドだ。ショートバウンドとは、ボールが地面から反発して上がってくる瞬間のことを指すのだが、僕は特に大きく上下にバウンドする打球をタイミングよくキャッチするのが苦手だった。野球については門外漢なので少年時代の経験からの話になるが、このショートバウンドを捕る際に最も必要となるのは、テクニック以前にズバリ勇気である。

ショートバウンドを捕り損ねると顔面に打球が当たりがちなため、僕は恐怖心から顔をそむけてしまう癖があった。当然顔をそむけるとボールの軌道が見えないため、適切なタイミングでキャッチすることができずエラーしてしまうのだ。父は何とかしてその癖を直させようと、こうして秘密の特訓を僕に課したのだった。

一度顔にボールが当たると、どうしても怖くなり打球を捕りにいく一歩が踏み出せなくなってしまう。思えば、武術や格闘技にも似たような場面はたくさん存在する。特にカウンターテクニックは、恐怖の克服がなければ絶対に習得できない。突きや蹴りをかいくぐりつつ自分から前に出なければ成功しないカウンター技法は、いくつも存在する。

大切なのは、物理的に一歩踏み出す勇気である。そして自分の意志で身体を動かすためには恐怖心をなくすことが重要だ。心と身体は密接に繋がっている。臆病だった僕は何度も顔や体にボールが当たったが、涙を流しながら必死に食らいついた父とのあの時間は、確実に僕の心を強くした。

結局、学童野球のチームメイトに大きく後れをとりながらも、僕はショートバウンドのキャッチを会得することができた。上手くキャッチでき始めたときのあの感触と感動はいまでも鮮明に覚えている。恐怖に向き合い、顔をそむけずタイミングを合わせて1歩踏み出す。父に強制され、嫌で仕方なかったあの練習は、少年時代のがんばりによって、いまの僕のジークンドーにしっかりと生かされているのだ。

こうして父との特訓は小学校卒業まで続いたが、劇的に野球が上達したかというと、そんなことはなかった。父から常々言われていたことは、「お前は身体も小さいし、能力も人より劣っているのだから、これぐらいやっても追いつかないかもしれない。だから常に努力をし続けなきゃダメだ。人の何倍も努力してやっと人並みになれるくらいだと思っていろ」……夢も希望もない言い草である。父はごくたまに、続けてこうも言った。

「お前は大器晩成型なんだ。分かるか？　もっと大きくなった時にいまやっていることが身になって、お前がかなわなかった連中を抜く時が来る。だから大丈夫だ」……夢と希望があるじゃないか。なるほど、大器晩成か。この言葉の〝晩〟とはいつなのか、誰でもいいから具体的に教えてもらいたかったし、小学生だった僕は一刻も早くその〝晩〟とやらがくることを夢見ていた。

いま思えば父なりに飴と鞭を使い分けていたのかもしれない。当時の僕はその言葉にすがって野球の自主練習を行い、中学に入っても僕なりに努力を続けた。しかし現

平凡な野球少年

中学野球部。和也と

実は厳しく、熾烈なレギュラー争いに破れることになった。どうやら晩成とはもっともっと先の話のようだった。

試合でキラキラと輝く、汗と泥にまみれたレギュラー陣をベンチに座ってただ応援する。それは僕にとってとても耐えがたい時間だった。小綺麗なユニフォームを纏《まと》った自分が惨めで情けなく、悔しくて仕方なかったが、それでも腐らずにいることができたのは仲間に恵まれていたからだ。

忘れもしない中学最後の試合の日、控えの僕たちを気遣ってくれたレギュラーの仲間が監督に抗議を行った。「最後の試合、全員出してほしい」と。しかし願いは聞き入れられなかった。ベンチを蹴飛ばしながら監督に文句を言う仲間の行動は、決して褒められることではなかったかもしれないが、僕はずっと忘れることができない。最後の試合に出られなかった悔しさよりも、あの時の仲間の思いが自分には痛いほど嬉しかった。

ペダル

店内は所狭しとさまざまな雑貨や書籍で埋め尽くされ、ＢＧＭではマーヴィン・ゲイが流れていた。ヴィレッジヴァンガードらしい賑やかな売り場のなかで、僕は不意にあるコーナーに添えられている販促POPに目を奪われた。

「虎は死して皮を残し、英雄は死して名を遺《のこ》す」

その言葉は、まるでモノクロの世界にそこだけ色がついているような存在感を放ち、打ち込めるものもなく、ただ何となく毎日を過ごしていた高校生の僕は、吸い寄せられるように足を止めた。

POPに書かれた言葉は、その人物の功績を端的に表現していた。その人物とはほかでもない、小学生時代の僕のヒーローランキングで堂々1位を獲得した、あのブルース・リーだったのだ。

フラッシュバックするように、小学生時代の興奮が沸き上がってくる気がした。そこに並ぶいくつかのブルース・リーに関する本を前にした僕は、いったいどれを手にとればいいのか分からず、妙な焦りを感じて狼狽え、結局3冊の本を購入した。

何に焦っていたのかは分からないが、とにかく僕は昂《たかぶ》っていて、その後プリクラを撮ってタコ焼きを食べに行くという予定をキャンセルし、不満を漏らす友人に謝りイソイソと家に帰った。

こうして初めて手にしたブルース・リーにまつわる本は、『ブルース・リー・ストーリー』（キネマ旬報社、1993年）という、全367ページの厚みのある本だった。ブルース・リーの妻、リンダ・リーさんが執筆したこの本には、ブルースの生涯が愛情に満ちた文で細部にわたって書かれており、ブルース・リーという人間を知るには十分な内容となっていた。

第一章の冒頭にある「かっこいいというのは、ブルースのためにある言葉だった」という文には、いまでも心から同意する。これまで本など読もうとも思わなかった僕は、一人の人生が1冊の本に詰まっていることに新鮮な感動を覚えた。そこには、映画では知ることのできないさまざまなエピソードがあり、たくさんの挫折と人種的な差別、あらゆる苦難を乗り越えてスターとなった、無敵のヒーローの姿があった。ブルース・リーは32歳という若さで亡くなっていたことを僕はこの本で知り、心から驚いた。さらに、ブルースのあの動きには、れっきとした武術としての名称があったことを初めて知った。

彼が表現し、ブラウン管を通して僕が熱狂していたあのとてつもなくカッコイイ動きは、カンフーでも、もちろん空手でもなく、その武術の名は〝ジークンドー〟といった。

『ブルース・リー・ストーリー』という1冊の本との出会いから、僕はブルースの作品が『燃えよドラゴン』だけではないことを知り、残りの作品を見漁った。いったい何度、巻き戻しと再生を繰り返しただろうか。といっても、彼が主演となった作品は、主演第4作目の『燃えよドラゴン』を含めてわずか5本だけだった。志半ばにして旅立った彼は『燃えよドラゴン』が世界的に大ヒットしたことも知らずに、その映画の公開前に亡くなってしまったのだ。すでにブルースにまつわるさまざまな知識を得た僕はそんな悲哀も感じながら、ＶＨＳのテープが擦り切れるくらい彼の動きを模倣した。

　当時の僕はまだ、ジークンドーに関する情報を得ることはできず、この謎めいた武術を勝手に神秘化していたのだった。僕はすでにブルース・リー、とりわけ彼の創始した武術、ジークンドーに首ったけになっていた。ジークンドーを学びたいが、映像しか情報がない。そうなると映画の動きを真似て学ぶしか考えつかなかった。コマ送り機能がないＶＨＳデッキで巻き戻しと再生を繰り返し、何度も動きを確かめる作業を憑《と》りつかれたように行った。

『燃えよドラゴン』のエレベータ前のシーン、襲いくる敵を攻防一体の技術で仕留めていく場面では、背中を使って攻撃する描写がある。僕はそのシーンを何度見てもどうやって倒しているのか分からず、ひたすら妄想を膨らませた。

ある時、同じように格闘技に興味のある友達と連れ立って、空手の道場へ見学に行くことにした。一通り体験入門を済ませた後、指導してくださった道場の先生が、「どうだい？　入ってみるかい？」と聞いてきた。友達は「入ります！」と元気よく返事をした。「君はどうするの？」と先生。「入りません！」と僕。「いや、なんでやらないいんだよお前！」と友達。「俺はジークンドーがやりたいんだよ！　どうしても！これじゃないいんだよやっぱり！」と僕。

この高校時代、ジークンドーを学べる環境は周りにないし、この先も学ぶことができるか分からない。そもそも日本で学べるかどうかさえ知らなかったのだ。当時はインターネットも身近ではなかったので、いまのように欲しい情報がすぐに手に入る時代ではなかった。だからといって「まずは代わりに、とりあえず空手を始めてみる」という選択肢は僕にはなかった。

僕は心底ジークンドーを学びたかった。とりあえずやってみた空手によって、癖がついてしまうかもしれない。格闘技などやったこともないくせに、一丁前な自論だけは持っていたのだ。何か教えを受ける際、〝自分のコップを空にして学ぶ〟ことの重要性は、ブルース・リーの本で何度も目にした言葉だった。「コップを空にするには、そもそも余計な知識を入れなければよい。むしろ入れたくない」と考えていた。

空手を学んだ後、もう一度初心に戻ってコップを空にする自分が想像できなかった。野球でレギュラーにもなれないような自分に、そんな器用なことができるはずがないのは分かっていたのだ。

だから「やりません」と答えたのはとても自然であり、直感的な回答だった。日常生活でほかの何かに特にこだわりがあったわけでもない自分が、流されずに己の気持ちを通したことに自身でも驚いていた。ジークンドーに代わるものはない。それが、僕が空手道場で感じたことだった。

この経験は、これまで漠然としていた〝やりたいこと〟を、明確な意思を持ったものに変化させるきっかけとなった。

高校時代、僕は何も部活に所属していなかった。野球を続けなかった理由は、団体競技ではない何かを始めてみたかったからだ。自分一人、個人の能力で勝負できる何かを見つけたいと思っていた。

そんな時にブルース・リーと再び出会い、彼のジークンドーを本気で学ぶことを夢とした僕にできることといえば、ブルースの書物を読み漁り、彼が影響を受けたという哲学書を読み、映画の動きの真似事をすることだった。傍《はた》から見ればただのオタクである。そんなことは気にも留めず、自分の部屋が次第にブルース・リーと武術関係の本に埋もれていくことに満足し、おそらくそんな自分に酔っていた。

DJをやっている友達の部屋はレコードで溢れ、聴いたこともないオシャレでグルービーな音楽をたくさん教えてもらったし、アートが好きな友達の部屋にはさまざまなアート本や彼の描いた作品が所狭しと並んでいて、ファッションが好きな友達は個性的なコーディネートに身を包み、色々なデザイナーズの洋服があることを教えてくれた。彼らは自分の好きなことに堂々と向き合い、自分の人生を歩んでいて、押しつけもせず、それはとても清々しかった。

自分が惹かれたジャンルを追及していく、そういった友達を見て、ジャンルに特化していることのカッコよさを知り、オタクという言葉の持つイメージは完全に自分のなかでくつがえっていた。彼らのような生き方、自分の信念に素直に従う行動力にとても大きな刺激と影響を受けていた。僕は再び自分の部屋を見渡し、ブルース・リーと武術関連の本に溢れた景色を見て、少し誇らしく思った。彼らの仲間入りをしたような気持ちになっていたのだ。

とはいっても、高校の3年間で、僕は何かを成し遂げたわけではなかった。中学時代にエースだった親友の和也は高校にスポーツ推薦で入学し、甲子園を目指して野球漬けの毎日を送っていた。僕は中学時代の友達と数人で和也の家によく集まっていた。

高校時代。飛び蹴りの練習したり、スパーリングで遊んだり

みんな家族ぐるみの付き合いだったこともあり、当たり前のようにそれぞれが勝手に家に出入りしていた。

夜遅く、僕らがどうしようもなく下らない話で盛り上がっている頃、やっと和也は帰宅する。練習でボロボロになって帰ってきて僕らと少し会話した後、泥のようにソファーで眠るかつてのチームメイトを見て、いたたまれない気持ちになったことを覚えている。

寝顔こそヒドイものだったが、眩しかった。きっとあの場にいた仲間みんなが同じ気持ちだったのではないだろうか。そんな自分の気持ちを隠すように、僕たちは一層ふざけた。

あの頃、自分を変える何かを求めていながらも、明確な答えが出せずにいた毎日。こうして和也の姿を目の当たりにすると、何もない自分というものをまじまじと突きつけられている感じがして焦燥感がつのった。夜更け、自転車で家に帰る道のりはとても長く感じ、冬の冷たい空気が頬をピリピリとさせるなか、不安をかき消すかのように、腰を上げ強くペダルを漕ぎながら自分の将来をイメージした。

『ブルース・リー・ストーリー』を何周も読み込んでいた僕の頭には、ある一節が深く刻まれていた。その文に引かれた赤いマーキング線は、当時の思いをそのままに、いまでも本のなかにひっそりと残っている。そこにはブルースの言葉でこう記されている。

「燃えるような願望を目標の実現に注ぎ込めば、だれでも思いの強さで目標を達成できると私は信じている」

部活に青春をかけているわけでも、勉強ができたわけでも、女子にモテたわけでもない、何もなかった僕は、この言葉に支えられ自分を保っていた。幸運なことに、燃えるような願望、それはそれは熱々の願望だけは持っていたのだ。

漕ぎ疲れたペダルを少しゆっくり踏みながら見上げた夜空にはチラチラと星が広がり、月明かりによってとても青く見えた。どこまでも静かに広がる澄んだ夜空を見上げながら、僕は僕の道を歩むことを決意した。気づけば先ほどまでの不安は、いつの間にかどこかに消え去っていた。

進路未定者

進路の話が嫌いだった。

「まず計画性がない。下調べも満足にできずに、お前が考えているように上手くはいかない。好きなことをして暮らしていけるほど世の中は甘くない」

当時、進路の話となると、僕は自分の親も含めほとんどの大人にこう言われた。いま思えばまったく当然であるが、当時の僕の目標はこうだった。

「東京に行き、ジークンドーの道場に入門し、そこで修行を積んでインストラクターになる」

具体的な計画などない。そもそも当時はいまのようにＧｏｏｇｌｅ先生を使って調べるなど、簡単に情報を得る手立てがなく、それゆえジークンドーの道場がどこにあるのか、そもそも日本で学ぶことができるのかも定かではなかった。情報量ほぼゼロの状態だったにもかかわらず、僕は本気の本気で、東京に行けば何とかなると思っていたのだ。親や先生が止めるのも当たり前である。

この根拠のない自信はどこからくるものなのか、それは自分でも分からなかった。だが、それは自信よりも確かな感覚として、リアルに現実化できる予感というか何というか、自分のなかで何かそういった強い力のようなものを沸々と感じとっていた。おそらくそれは人に話したところで笑われるだけだろうし、自分が感じている感覚の話だから誰にも分からないだろう。自分だけが分かっていればいい。だから進路の話となると、燃えるような願望と目標を胸に秘めながら僕は黙り込むことが多かった。

高校3年間で、僕にはすっかりブルース・リーの哲学が染みついていた。何かのインタビューで、彼の友人かお弟子さんが「ブルースは経験主義者だった」と言っていたことを知り、僕はこれだ、と思った。

人からのアドバイスや意見がとても大切なことは分かっていたが、それはその人の結果、つまり経験から得た答えであって、結局自分の人生を決めるのは自分なのだと強く思っていた。僕も自分で道を探して、自分の経験から物事を判断したい。そう思うようになったのだ。

自力本願。高校生活でこれに気づけたことは自分のなかで大きな変化となり、進路を決定していく大きなきっかけとなった。何も成し遂げなかった3年間。この間に将来について自分と対話する時間はたくさんあり、僕はそれに毎日のように向き合い続けていた。

そうして導き出した答えが、「とにかく上京し、あとは何とかなる。というか何とかする」だったのだ。だから、担任の先生に「石井の進路はそれで本当にいいのか?」と聞かれた時、迷いなく「ハイ」と答えることができたのだった。

高校卒業の際、卒業文集などには各生徒の進路の情報が記載されていた。「〇〇大学進学」「〇〇会社就職」というような具合で、みんな確かな道へ進むことが分かる。

そのなかで石井東吾だけは「進路未定」と記載されていた。

活字で見る字面はなかなかのインパクトであり、卒業文集に入る文言としては若干のショッキングさもある。周りは笑っていたけれど、僕自身はまったく誇らしかった。いままで何も成し遂げられなかった自分が、初めて自分の信念を貫けたと思えた。

〝未定〟とは書かれていたが、志は誰よりも強い自信があった。その決意は自分だけが分かっていればいいのだ。〝進路未定者〟という肩書きが、僕の夢への第一歩。いいスタートが切れたではないか。

第二章

FEEL

ENTER THE DRAGON

このスズメたちは何時から起きているのだろう。1999年9月、空が青く広がる朝の東京。時刻は7時を少し回っている。先ほどから、まだ誰もいないスポーツセンターの入口にどかっと座り込み、元気に鳴いている小鳥を眺めていた。

電車の乗り換えに不慣れだった僕のために、中学時代からの親友の小屋ちゃんが書いてくれた三ノ輪《みのわ》駅までの行き方を記したメモ用紙をまだ片手に持っていたことに気づき、改めてそれに目をやる。不意に笑みがこぼれ、僕はそれを大切に財布にしまった。メモには乗り換えルートと、その下にとても見慣れた下手くそな文字で〝ENTER THE DRAGON〟と書かれていた。

ブルース・リー最後の弟子であるテッド・ウォン先生のセミナーが、これからここ荒川総合スポーツセンターで開催されるのだ。分かっていて早く到着したのだが、開場の10時までまだまだかなり時間がある——。

上京した僕は、一人暮らしをしながらバイト生活に明け暮れていた。東京にくればジークンドーを学べる道場がすんなり見つかるかと思ったが、実際には何をどうやって探せばよいのか分からず、そのうち見つかるだろうという謎の確信を胸に日々を過ごしていた。

それから5ヵ月たったある日、バイトが休みですることもなかった僕は、ふらっと家の近くの馴染みのコンビニに入り、何気なく1冊の雑誌を手にした。それは当時ベースボール・マガジン社から発行されていた『格闘技通信』という雑誌で、パンクラスの船木《ふなき》誠勝《まさかつ》選手が表紙の号だった。

この雑誌は格闘技の試合を観戦するファンに向けた情報が多く、格闘技を実践するための技術記事は少なかったため僕の興味が向く内容ではなく、これまで手にすることはなかったが、この日はなぜか手にとりパラパラとページをめくっていた。

導かれるように手が止まったそこには、テッド・ウォン先生のジークンドーセミナー開催の告知が掲載されていたのだった。僕は弾かれたように店の外へ飛び出し、そこに書かれた連絡先にその場で電話をかけた。

「もしもし」と電話に出た声はとても優しく穏やかな感じがして、僕の心を少しだけ落ち着かせた。

「あ、あの！　いま、『格闘技通信』という雑誌を見ました！　ジークンドーのセミナーに参加させていただきたいです!!　よろしくお願いします!!」と、深く勢いよくお辞儀をしながらまくし立てた。

「はっはっは、元気だねぇ」と笑われてしまったが、「一般参加者では君が一番最初のエントリーだよ」と言われて僕は舞い上がった。興奮して後の会話はあまり覚えていないが、とにかく僕は夢のジークンドーを学ぶための約束を取りつけられたのだ。それもブルース・リーの直弟子だったお方のセミナーだ。

興奮と安堵が入り交じった状態で立ち尽くしていると、後ろからコンビニの店員さんに肩をたたかれた。

「お客さん、雑誌のお会計！」

僕は店員のおじさんに思い切り抱きつきたくなった。


あれから数週間が経ち、やっとセミナーの当日を迎えた。はやる気持ちを抑えられず、開場の3時間前から入り待ちをした。高校時代からずっとこの日を待ち続けたのだ。3時間の待ち時間など無に等しかった。

刻々と時間が過ぎ、やがて何台かの車両が会場入口に止まった。そこから現れたのは、たくさんの丸いミットや黒い大きな盾のようなキックミットを持った集団だった。お揃いの黒いTシャツを着ていて、背中には僕がこれまで何度もブルース・リー関連の本で目にしたジークンドーのエンブレムがプリントされていた。陰陽のマークの両脇に矢印が添えられた、世界一クールなアレである。皆鍛え上げられた身体をしていて、僕はいよいよワクワクが止まらなくなってしまった。

会場となる武道場に入る前に一礼し、50名に及ぶ参加者の熱気を感じて気持ちも張り詰める。

軸の通った姿勢、隆起する背中の筋肉、それでいて静かな佇まいを感じさせるその方は御年62歳。テッド・ウォン先生の登場である。テッド・ウォン先生は1967年からブルース・リーが亡くなる1973年までの間、最後のプライベート・スチューデントとしてジークンドーを学び、ブルースが晩年にたどりついた洗練されたスタイルのジークンドーに世界で最も精通した人物の一人である。

そんな伝説的な先生との対面。僕はその動作、一挙手一投足を見逃さぬよう、常に最前列のベストポジションを確保して稽古に臨んだ。テッド・ウォン先生ご本人の口から〝ブルース・リー〟という言葉が出るたびに、とても不思議な感覚に陥った。当事者から話を聞くと、すでに本で知っていたようなエピソードでもまるで違う話のように聞こえ、僕はそれがとても嬉しく、いちいち心が躍った。

テッド・ウォン先生が説明するジークンドーは科学的な根拠に基づいて構築されて

おり、合理的でシンプルなものだった。武術に関してまったく初心者の僕にもその説明は分かりやすく、構えにおける身体の構造や、〝ストレートリード〟というジークンドーの代名詞的なパンチが持つ原理・原則など、「このような構造をつくるからパンチが速く強くなるんだな」といった感じですんなりと頭に入ってきた。ブルース・リーが、いかに科学的に考察を重ねた上でジークンドーという武術をつくったかということを知ることができた。

何気なくパンチを打つ動作も、床を滑るような流麗なフットワークも、素人の目ではっきりと分かるほど無駄がなく、そこには肉体的・精神的な錬磨《れんま》が感じられた。62歳という年齢がにわかには信じられない一方で、その年齢まで長年積み上げた鍛錬のあらわれでもあるのかと、僕の目はくぎ付けになっていた。

〝フックキック〟という蹴り技を練習している際に、「はっはっは、それじゃ映画の蹴り方だよ」と僕の後ろから声がした。その声は、電話でセミナーの申し込みをした時に聞いた声と同じだった。それがヒロ渡邉先生だった。この日僕は、人生を大きく変えることとなる最も偉大な師匠二人と出会うこととなったのだ。

セミナーは1時間半の昼休憩を挟んで午後の部へ移行するのだが、僕は休憩をとらなかった。僕にとっては長く待ちわびたこの日、1分1秒でも前に進みたい、習得したいという気持ちで、休むという選択肢などまったくなかったのだ。僕は1時間半の休み時間、ただただ構えのフォームとフットワークを繰り返した。現ジャパン・サバット・クラブ代表の窪田《くぼた》さんに「休憩してごはん食べないと、体力もたないよ」と優しく声を掛けていただいたが、僕がこの2日間のセミナーで休憩をとることはなかった。

1日目のセミナーが終了し、学んだことをノートにまとめたその夜、僕はベッドでのたうち回っていた。これまで使われることのなかった筋肉を急激に動かしたせいか、激しい筋肉痛に襲われたのだ。全身、どこが痛いのか分からないくらい痛くて、特に足の筋肉全体がどうにかなっていた。まったく情けないことに、痛みに一晩中苦しみ、なるほど、これほどまで自分の身体が使われていなかったのかと、昔観た『七人のおたく cult seven』(1992年公開)という映画のなかでウッチャンナンチャンの内村光良《うちむらてるよし》さんが演じたカンフーおたくのセリフを思い出した。

ナンチャン「何をニタニタしている」

ウッチャン「身体が笑うんだ。18年間鍛え続けても使われることのなかった筋肉たちが輪になって喜んでいる。俺は正義だ」

この映画のセリフ、僕の筋肉痛の状況とはちょっと意味合いが違うかもしれないが、長く焦がれた月日を経てジークンドーを始めることができた喜びとして、僕の筋肉たちが喜んでいると捉えたら、この激痛こそ嬉しい悲鳴である。そんなことを考えながら、僕は痛みにうめきながらもニヤニヤしていたのだった。

そして迎えた翌朝。セミナー2日目も、僕は一番乗りで会場入口に待機していた。身体は全身筋肉痛、裸足でフットワークを踏んでいたため足裏の皮はマメがつぶれていたが、テーピングして補強した。

最終日となるこの日は、高弟と思われる方と稽古のパートナーを組みたいと自ら申し出た。学べることを少しでも吸収したいという思いから、初心者である僕は上級者とペアを組み、その動きを目で見て、そして自分の身体で感じる時間を少しでも多く持ちたいと考えたためである。

「昨日も今日も、一番早く会場に来ていたね。昨日は休憩しないでフットワークをやっていたみたいだし。変わった子がいるって、みんなで話していたんだよ」と言われ、僕は顔が赤くなった。

ジークンドーの稽古では、フォーカスミットという円形のミットにパンチやキックを打つ練習が主軸となる。ミットは仮想の相手の各部位にセットアップされ、打ち手はそのミットへ向かって適切な間合いを保ち、打撃を行い、あるいは相手のパンチやキックをかわす。上級レベルになると、まるでスパーリングをしているかのような動きになる。ミットを持つ者がトレーナー役となるため、質のよいトレーニングができるかどうかは持ち手の技量にかかってくる。当然、初心者の僕はこのフォーカスミットの持ち方が上手くいかず、たびたび高弟の方を困らせてしまった。自分から申し出ておきながら迷惑をかけてしまっていることがとても心苦しかったが、そんな僕に嫌な顔一つせず丁寧に教えてくれていることに何とか応えるべく、諦めずに必死で食らいついた。高弟の方が持ってくれたミットはとても打ちやすく、持ち手の高度な技量を身をもって知ることができた。

1日目もそうだったが、テッド先生がセミナー受講者の動きを見て回る際、「先生、僕を見てください！」と言わんばかりに猛烈にアピールした。アピールと言っても、できることは先生が指示した動きを一生懸命やるだけなのだが、「見て見て！」というエネルギーを全身から醸し出していたので、先生はたびたび目をとめて、「OK, GOOD!」と優しい笑顔で褒めてくれた。そうしてすっかり有頂天となった僕はニマニマし、高弟の方はそんな僕を見て苦笑いしていた。

2日間のセミナーが終了した。受講生がおのおのテッド先生と記念写真を撮っている。カメラを持参していなかった僕は、その様子をぼんやりと眺めていた。すると

「せっかくだからツーショットを撮ってあげるよ。ほら、テッド先生と並んで！」と心優しい青年に促された。僕は恐縮しながらも嬉しくて、一丁前に構えのポーズで決めてみた。だが、会場内が撤収作業でバタバタしていたこともあり、撮影してくれた彼とはうっかり連絡先を交換しそびれてしまった。

「写真は受けとれそうにないけれど、まぁいっか……」

テッド・ウォン先生から直接指導を受けたという事実があれば、僕はそれで十分満足だった。

帰り際、ヒロ渡邉先生のもとへ挨拶に行き、入門の意思をお伝えし、翌週から正式にヒロ先生の道場『ジークンドー・ジャパン』に入門した。こうして、僕の終わりなき武術修行が始まったのである。

プライベート・レッスン

稽古場所は二子新地《ふたこしんち》という場所にあった。ちょうど4駅離れた宮崎台《みやざきだい》という駅に、中学時代の親友で野球部エースだった和也が住んでいたので、稽古前日はよく家に泊まらせてもらったものだ。

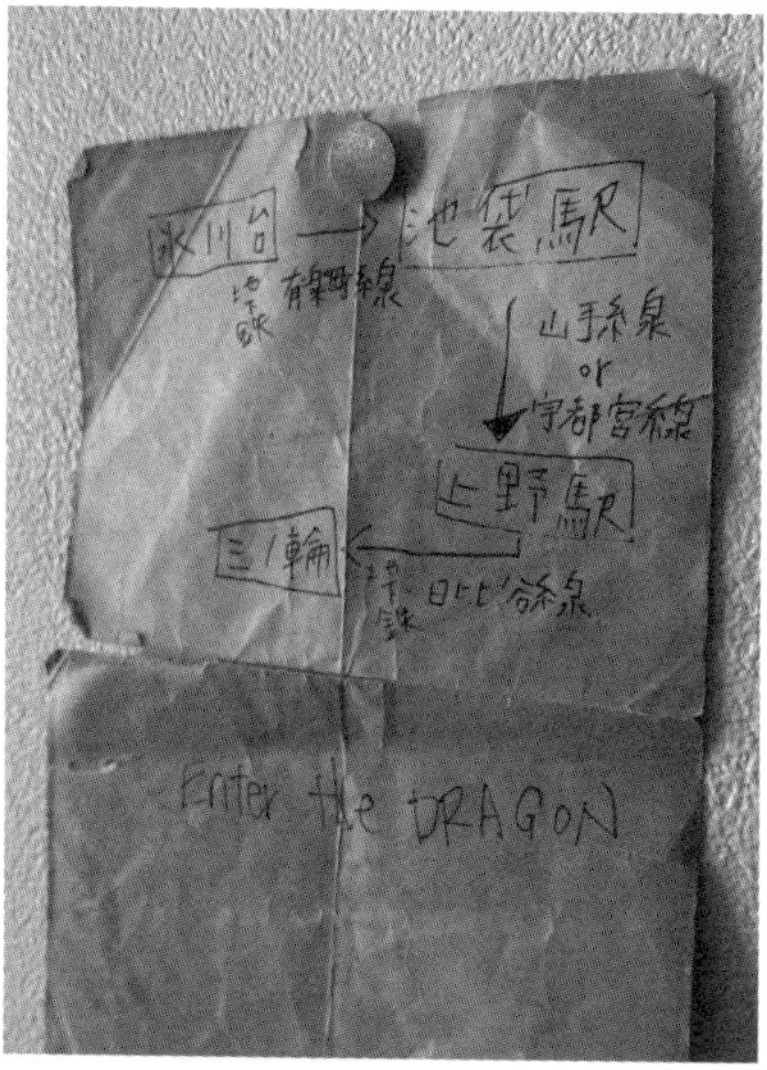

小屋ちゃんメモ

初セミナー参加時に撮っていただいたあの時の2ショット写真。なんと10年以上経ってから撮影者の方が道場まで届けてくれた

和也は僕がジークンドーの道場を見つけて通っていること、そしてその稽古場が自分の家から近いことにとても喜んでくれた。お互いの近況や将来のこと、大学の野球部での様子など、夜な夜な語り合いたかったようだが、僕はいつも22時には布団に入った。「明日の稽古のために早寝するんだ」と言うと、和也は嬉しそうに目を細めて「じゃあ仕方ないなぁ」と答えた。

和也の大学の仲間たちが遊びにくることもしょっちゅうで、皆の笑い声やテレビゲームの音を聞きながら、散らかった部屋の薄い布団で眠りにつく。おかげで僕は、比較的どこでも気にせず寝ることができる特技を得た。

「また早く来ていたのか？」

道場の入口で先輩の声がする。入門後、ジークンドーへの熱意はとどまることを知らず、稽古の日は誰よりも先に到着し、僕は道場の掃除を終えてストレッチをしていた。入門したてのぺーぺーの僕が先輩たちに勝てることがあるとすれば、それは早く来ることだった。

早く来たほうが勝ち、という勝手なルールを自分に設けていた僕は、次第に稽古を行う神聖な道場を掃除することが気持ちよくなっていき、掃除する時には「よき稽古ができますように」と、心をこめるようになっていった。大きな窓から漏れる朝陽を浴びながら誰もいない道場で掃除を行い、一人待っている時間がとても好きになった。

ヒロ先生の稽古はとても説明が論理的で分かりやすく、ジークンドーに関するさまざまな知識を、稽古を通じて少しずつ習得していくことができた。僕は、とにかく先生の一言一句に耳を傾け集中した。稽古中にメモをとることは一切せず、先生の動きを目に焼きつけるようにして稽古に励み、稽古が終わると、習ったことを忘れてしまわないよう、帰りの電車で懸命に書き残した。

ヒロ先生からもっと詳細に学び、理解を深めたいという願望がますます募っていった僕は、自分の熱い思いや、「とにかくもっと学びたい！」という気持ちを手紙に綴って送ることにした。

先生は僕のあり余るモチベーションを「自分が若い時のようだ」と笑って受け入れ、「いまはそうやって、がむしゃらでいい」と言葉をかけてくれた。こうして僕は、ヒロ渡邉先生のプライベート・スチューデントとなった。

当時のヒロ先生のプライベート・レッスンは、土曜日の昼に先生の自宅へ行き、お昼を一緒に食べ、少し休んで午後からレッスンが始まる流れだった。

レッスンはジークンドーの基礎と基本から始まり、通常のグループ・レッスンでは教えていただけない、いわゆる秘伝や口伝《くでん》の技術も教授された。武術の世界に秘伝や口伝というものが本当に存在することに僕は驚いたのと同時に、自分を信用してくださっていることに深く感謝しつつ、伝授された技術を何とか吸収しようと、とにかく必死で食らいついた。

武術は一朝一夕で習得できるものではなく、日々、薄皮一枚一枚を重ねていくような、地道な鍛錬でしか成長は得られない。近道のない道のりの途上であっても、少しでも教えを身につけられたことを先生に見せて、認めてもらいたいと純粋に思い稽古に臨んでいた。

2時間以上に及ぶプライベート・レッスンが終わる頃には日が暮れ始め、マンツーマンという状況に肉体的にも精神的にも疲れたが、レッスンはこれで終わらなかった。前述の通り、ヒロ先生のプライベート・レッスンは土曜日で、翌日の日曜日は道場での通常稽古が控えている。そのためレッスン後も帰宅することなく、なんと僕は先生の家に泊めていただく恩恵にあずかっていた。そしてこのルーティーンは、毎週ではないとはいえ約2年間続いたのである。

この頃の僕は、武術に関する本を片っ端から読み漁っていた。「師匠と生活をともにすることで、師の動向を察知して先回りする。そういった行いが武術の修行に繋がる」というような文を目にした僕は、自分もそのような経験が必要と考えていた。

レッスンが終わると、少し休んで夕食へ出かける。昼食前も夕食前も〝少し休んで〟と書いたが、その時間に何をしていたかというと、先生の部屋にある膨大な量の古今東西の武術・武道・格闘技の映像資料から、先生がピックアップしたものを視聴していたのだ。

なかには大変貴重な映像もあり、さまざまな流儀の資料を見ながら疑問に思ったことを先生に質問すると、実技を交えてその流儀の長所や短所を教えてくれた。それらは僕の血肉となって、いまの自分を形成する大事な要素となっている。こうして〝少し休んで〟いる時間にも他流儀に関する情報を研究するようなストイックな姿勢を、僕はこの時に学んだ。

さて、夕食を終え先生の自宅に戻ると、今度は部屋のなかでの軽めの（？）レッスンが始まる。ここで主に学んだことは〝接触法〟、そしてときおりナイフ術だった。

接触法とは文字通り、相手と接触した瞬間から攻防が始まる非常に近接した間合いで、相手の腕を封じつつ打撃・関節・投げなどを瞬時に行う戦い方である。広いスペースを必要とせず、部屋のなかで行うにはちょうどいい稽古だ。この接触法が、僕は本当に苦手だった。これまでグループ・レッスンでも接触法は学んでいたのだが、どうにも上手くできず、好きか嫌いかの二択でいうと、嫌いだった。

しかしプライベート・レッスンでは、「苦手だ……」と泣き言を漏らしても誰も助けてはくれない。目の前には先生が接触法の構えをとっている。「やるしかないのだ！」と意気込んだところで、自分の能力が急に向上するわけもなく、マンツーマンで教わっているにもかかわらず、覚えの悪さを露呈させてしまうのだった。

この稽古の時、輪をかけて覚えが悪かったのには理由があった。接触法の稽古では互いに向き合って構え、まず〝攻め〟と〝受け〟に分かれてパターン化した攻防を行うのだが、攻め側の動きを先生が説明する際、僕は〝受け〟を行うので、受けをとりながら攻めのパターンを覚えなければならない。しかも自分側から見ると左右が反転しているので、自分が攻め側に転じる場合は、動作も反転させる必要があるのだ。マンツーマンの接触法では、先生の動作を俯瞰《ふかん》して見ることができない。これが難儀する原因であった。

しかし、こうして四苦八苦しながら先生との接触法の稽古を重ねるうち、次第にコツがつかめてきた。先生が攻撃側のパターンを説明する際、僕は先生側から自分の姿を見るように強く意識する。つまり、受けをとりながら、幽体離脱するように先生側からの視点で攻撃パターンを覚えるのである。

これはとても意識の力、イメージの力を使うので、しばらくの間は頭が痛くなったが、この方法を身につけてからは、それまでより技のパターンを早く覚えられるようになり、少しずつ自信に繋がっていった。不出来な弟子のせいで同じ説明を何度も先生にさせてしまっていることに何より心の負担を感じていたので、どうにかして早く習得しなければならないという極度のプレッシャーから生み出した、自分なりの方法だった。

ヒロ先生宅でのレッスンでは、ほかにもさまざまな稽古を行った。ジークンドーの基礎構造である構え方やフットワーク、打撃フォームの修正、多様なディフェンスや戦術、あらゆる間合いによる技の選択方法、武器術……。春夏秋冬、たくさんの汗と、時には血をにじませながら、多岐にわたる稽古が続いた。

薄暗い空、静かな雨の降るなか、屋根のある踊り場で学んだ詠春拳《えいしゅんけん》の型〝小念頭《しょうねんとう》〟はとても深く僕の記憶に残っている。こうした稽古の日々を通じて、僕は武術修行の厳しさと先生の大きな優しさを一身に感じつつ、ますますジークンドーの道へのめり込んでいった。

一方で、僕のプライベートにも変化が生じていた。当初の目的通り、無事にジークンドーの道場が見つかり、極めてレベルの高い先生に師事することができたこともあり、生活基盤を整えるため定職に就こうと決意したのだ。

就職先については、モノづくりに携わりたいと希望して色々リサーチを行い、やがてある大手メーカーの入社試験を受け、そこに正社員として迎えられた。タイミングがよかったのか、思いのほかすんなりと仕事が決まり、ここから武術修行とサラリーマンの〝二足の草鞋《わらじ》〟生活がスタートした。

仕事の内容は、これまでの気楽なバイト生活とは異なり、精密機器の生産技術に関する専門的な知識を求められるという、シビアで責任のあるお堅いものだった。ちょうど僕が配属された時期は人手が足りない状況で、右も左も分からないまま前任者の引き継ぎを任され、なんとその半年後には出張で海外に飛んでいた。仕事はとても忙しかったが、それを理由に武術修行を怠ることはなかった。武術が自分の軸にあるからこそ、頑張れていたのだと思う。

夢のカリフォルニア

ヒロ先生が語るアメリカでのテッド先生との修行エピソードは、僕にとって夢のような話で、何度も体験談や土産話を聞かせてもらった。どんなところなのかに始まり、稽古の様子や、稽古以外の過ごし方など、僕はしつこく先生に聞いた。

聞けば聞くほど夢が膨らみ、自分の実力的にもキャリア的にも、恐れ多くてなかなか口には出せなかったが、いつか自分もアメリカに行き、テッド先生の下で学んでみたいと思うようになった。

ヒロ先生が語ったなかで興味深かったのは、「テッド先生はプライベート・レッスンでは大変厳しい」というエピソードだった。とても日本でのセミナーの様子からは信じられないが、「とにかくプライベートの稽古では別人のようだ」と、ヒロ先生が話すのを聞き、「ヒロ先生が厳しいというほどの厳しさ！　何が何でも味わってみたい！」と心の底から願った。だからヒロ先生がアメリカへ行くとなると僕は、「いいなー、あー、いいなぁー」と、1日中ずっと心のなかで唱えていた。

そんな憧れを胸に抱きつつ、プライベート・レッスンと道場での通常の稽古に加え、先輩に声をかけて自主練と、稽古に明け暮れていたある日、ヒロ先生からついにアメリカへ同行する許可が出た。2003年、入門して4年目のことだ。

旅の目的は、テッド・ウォン先生のプライベート・レッスンを受けること、その一点である。アメリカへ行くかどうかヒロ先生から問われた際、僕は迷わず「行きます！」と即答した。あのブルース・リー始祖の直弟子であるグランドマスターから稽古をつけてもらえる機会を逃すなど、１㎜たりとも考えられなかった。

とはいえ、７日間も渡米するには会社員としての立場もあるため、職場の上長に理由を話して休暇を取得した。大手の会社ならではのメリットで、毎年結構な日数の夏休みが付与されていた。それに加えて有給休暇を取得し、すべてをアメリカへの修行の旅にあてた。

夏休みと挟んで有休を取得する際、職場を空けてしまう罪悪感に悩みもしたが、当然休暇をとる期間の仕事の引き継ぎやフォローは万全に整えた。休みをとって周りに負担をかけるぶん、そうまでして行くからにはやれることを全力で、と気持ちを切り替えた。幸いにも会社の上長は僕を応援して、後押ししてくれた。僕は本当に人の縁に恵まれている。

周囲の方々からの理解や協力を得て、僕はアメリカで二人の師匠から純度１００％のジークンドーを学ぶ機会を得た。まったく信じられないくらいの幸運だった。

見上げる空

ロサンゼルス空港に到着した僕は、先生の後を小走りで追いかけていた。手配していたレンタカーに乗り込み目的地を目指す。抜けるような青い空の下、サングラスをかけて左ハンドルを握るヒロ先生は、慣れた様子でロスの道を颯爽《さっそう》と走り抜ける。

これが観光なら「イエーイ、最高！」なんて叫んでいたかもしれないが、僕は緊張しながら後部座席から窓の外を眺めていた。助手席に座っている兄弟子の小林さんも同じ様子だ。やがて大きなパームツリーが並ぶ住宅街に車は停まった。車を降り、目的地である家の前で足を止め、ドアをノックする。扉が開かれると、そこにはセミナー時に指導していた柔和な表情とはまったく別人の顔をしたテッド・ウォン先生が立っていた。

聞いていた通り、というか実際に目の当たりにするとそれ以上だった。明らかに重々しい空気が漂うなか、これから始まろうとしている稽古を前に、僕は思わず武者震いをするのだった。

「TOO SLOW!!」

かれこれ10分近く、クロスとフックを全力で打ち込んでいる。僕はヒロ先生が構えるフォーカスミットに渾身のスピードでパンチをぶち込み、力尽きてその場に仰向けに倒れた。

夏のカリフォルニアの強い陽射しを全身に浴びながら、体内の細胞すべてが酸素を求めているように呼吸をしている。

「はっはっは！　情けない！」と、ヒロ先生の声に反応してふらふらと上半身を起こす。呼吸はまだ荒く、腕や背中に付いた小さな砂や砂利を払う気力もない。カラカラに乾いた喉を潤すため、ペットボトルを口に運ぶ。僕はお湯を買った覚えはない。稽古前に購入したはずの冷えた水は、照りつける陽射しのせいですっかりHOTになっていたようだが、僕はノーリアクションで飲み干した。とにかく喉を潤してくれるなら熱いお湯でもありがたかった。少し離れた場所で同じように立てずにいる兄弟子の小林さんと目を見合わせ、互いに引きつった笑顔を交わした。

毎回、こんなキツイ稽古をマンツーマンで行っていたのかと、ヒロ先生が経験してきたこれまでの稽古を思うとさらに師の背中が遠のいた気がした。セミナーで言われたあの「OK, GOOD!」はどこへやら。自分が持てる全力を出してようやく出るOK。それすらも「まぁ、いまはまだそれでOK」的なニュアンスだ。テッド先生からしたら、本当は全然OKではないのだ。「GOOD」など一生出る気配すらない。でも、これでいい。いや、これがいい。これこそ自分の望んでいたものだ。

もう何度目か、仰向けにぶっ倒れて再び空を見上げながら僕は思った。

グランドマスター

「OK, Next Sparring」の声に耳を疑った。スパーリング⁉ 叶うことならグランドマスターであるテッド先生と一度お手合わせをお願いしたいと思ってはいたが、そのような願いは無礼に当たると思い胸にしまっていたため、拍子抜けするほどあっさり実現しそうな状況に驚いた。

何より、この時66歳を迎える年齢にもかかわらず、当たり前のようにこのカリフォルニアの炎天下でスパーリングを行おうとするテッド先生を、僕は心の底から……なと思っている間に、テッド先生はスパーリング用のヘッドギアとボクシンググローブを装着し始めているではないか。

あわてて準備を整えた僕は、いきなり格闘技のメインカードのような組み合わせのスパーリングを目撃することになった。テッド・ウォンとヒロ渡邉のスパーリングである。いきなり始まったプラチナカード、見届け人は僕と小林さんの二人きり。

開始の合図が鳴り、二人ともステップ&スライドで間合いを調整し合っている。ロングレンジから急にリズムを変えたスティールステップで、リードのジャブを打つヒロ先生。それを瞬時にさばくテッド・ウォン先生はすぐに身をかがめたドロップシフトで返しているが、ヒロ先生はそれをカットし、すかさずクロスを放っている。その瞬間にテッド先生はそれをカバーし防御の態勢に入りつつも、互いに間合いを仕切り直した。まさに息をのむ攻防――。

武術の稽古時、弟子から映像を撮る許可を持ち出すことなど言語道断と思っていた僕は、瞬間瞬間を自分の目で捉え、脳裏に焼きつけてその時の動作を反芻《はんすう》する、それが武術修行のあるべき姿と考えていた。撮影してしまうと、「あとで映像を確認すればいいや」という邪念が生まれてしまう気がする。撮影しているという〝保険〟があると、刹那の瞬間を捉える力が失われるような気がするのだ。映像で残すことはもちろん有意義だが、僕自身の武術修行においては、あまり重要なことではない。

というわけで、僕は二人の攻防を目に焼きつけた。3分間のプラチナ級スパーリングは、あっという間に幕を閉じた。互いに動き回るというよりも、じりじりと静かに間合いを調整し、一瞬の攻防の後にまた離れる。ブロークンリズムを使ったフットワークと、瞬時のアングル調整を行いながらハイレベルなカウンターを繰り出す、そんな戦いだった。それはまるで映画や漫画などでよく見かける、〝静と動〟が入り混じった剣豪同士の立ち会いのようだった。

「パンチが来るのが見えなかった」。テッド・ウォン先生が、ブルース・リー始祖とスパーリングをした際の感想である。

「パンチが来るのが分からなかった」。これは僕がテッド先生と初めてスパーリングをした際の体感だ。〝ノン・テレグラフィック・モーション〟という極限まで予備動作をなくした動きからは、動作の起こりと意識の起こりが消え、気づけばパンチがヒットしている。そんな打撃だった。

いきなり実現したテッド先生とのスパーリングでは結局、僕はなすすべもなくテッド先生にやられてしまったかというと、そんなことはなく、僕にも反撃させつつ戦い方を教えてくれた。自分の力を誇示するような倒し合いではなく、稽古としてとても意味のあるスパーリングを経験させてもらったのだ。生徒の成長をとても大切に考え指導する姿はヒロ先生と重なって見え、ヒロ先生もまた、テッド先生からの教えを繋ぎ、僕たちに指導してくれていることを実体験で知ることができた。

ヒロ先生、僕、小林さんと連続でスパーをこなしたテッド先生は、フーッと大きく息を吐き、呼吸を整えた。いや、それだけ!? いったいこれまでどれほどの鍛錬を積み重ね、この境地に至ったのだろうか。入門してわずか3年余りの僕は、その頂《いただき》の高さに背筋が震える思いだった。スパーリング直前に言いかけた言葉を改めて記そう。

「……テッド先生を、僕は心の底からカッコイイと思った」

3時間の稽古を終えてホテルに戻ると、同じ部屋に宿泊している僕と小林さんは、おのおののベッドへ倒れ込み、そのまま深い眠りについてしまった。母指球の皮は捲《めく》れあがり、足を地面に下ろすと痛みが走った。ジークンドーは路上の戦いを想定しているため、靴を履いて稽古するが、それでもこのありさまだ。

〝技術の優劣は足の使い方にある〟と、ブルース・リー始祖が残した言葉にあるように、フットワークはジークンドーの肝である。間合いの調整、リズムの変化、スピード、破壊力、戦いにおけるあらゆる重要な要素は、そのほとんどがフットワークによって生み出されているからだ。

テッド先生は、何度も足の爪が剥がれるほどフットワークを稽古したそうだ。ブルース・リーの流れるような華麗なフットワークもまた、たゆまぬ努力と鍛錬により身につけたものだろう。きっと母指球のマメも、何度も潰したに違いない。

それにしても、僕はフットワークの稽古が好きだったし、自主練でもフットワークのトレーニングを主に行っていたのだが、自分なりに鍛えてきたはずの母指球がたった3時間の稽古で捲れあがってしまい、正しい形で母指球を使えていなかったことに気づかされたのだった。

朝食

朝食には気合が必要だ。気合が必要な朝食など聞いたこともないだろうが、ジークンドー修行の朝食には気合が必要なのである。

午前中のレッスン前、テッド先生は朝食をとるために僕たちを飲茶に連れて行ってくれた。店の扉を開けると、すでに何名かのお客さんで賑わい、立ち込める美味そうな匂いが朝の食欲をそそる。メニューはお店の常連客であるテッド先生が、慣れた様子であれこれオーダーする。

こうして先生たちと一緒に朝食をとっている。しかもここはアメリカだ。そしてこの後は稽古が待っているのだ。普段では決して味わえないスペシャルな時間と空間に至福を感じているところへ、ウェイターさんが料理を運んできた。次々と運ばれるご馳走でテーブルは埋まり、朝食にしてはなかなかのボリュームに圧倒されつつ、テッド先生が頼んでくれた料理に感謝を込めた「いただきます」を唱えて食べ始める。

美味しい飲茶に舌鼓を打ちながら、テッド先生とヒロ先生の会話に耳を傾ける。テッド先生はかつてブルース・リー始祖ともよく飲茶をしに行ったようだ。レジェンドの口から語られる思い出話を聞きながら、僕は世界一贅沢な朝食を食べているのではないかと心底思った。

談笑しながら食事は進み、お腹も満たされてきたが、テーブルにはまだ盛りだくさんの料理が残っている。アメリカのサイズ感には驚かされることが多いが、特に料理は日本の1・5倍から2倍の量があると感じる。

「遠慮せずにもっと食べろ」というテッド先生のお言葉に、ありがたくも半ば無理やり口に放り込む。と、さっき空けたはずの僕の皿の上には大きなチャーシュー饅頭が2個も乗っている。隣のヒロ先生の顔を見ると明後日のほうを向いている。……お茶目な師匠である。きっとテッド先生にはお考えがあって、僕たちにたらふく食べさせてくれているに違いない。これも修行かと、小林さんと互いに顔を見合わせながら競うようにどんどん腹のなかに料理を入れ、はち切れる寸前で朝食を食べ終えた。もう気合である。

稽古前の朝食は毎回こんな感じで、テッド先生は僕たちにたっぷりとアメリカンサイズの食事をふるまってくれたのだが、結局、稽古前にお腹がはちきれそうなほど詰め込んだ料理は、地獄のレッスンが終わるとすっかり消化されていた。レッスンを乗り越えるためにはそれだけのエネルギーが必要だったわけで、気合を入れて食べ切った自分をちょっぴり誇らしくも感じた。

スピリット

テッド先生の自宅のバックヤードにて、朝の掃除を済ませた僕は、流れるようなフットワークを踏んでいるヒロ先生の足元にずっと見入っている。ときおり入る急激なハーフビートステップに、こちらの身体が思わず反応して固まってしまいそうになる。テッド先生はというと、やはり先生も黙ってじっとヒロ先生のステップを眺めている。僕はテッド先生の表情を見逃さないように注目していたが、少しすると、「よし」といったような顔で2回ほどわずかに頷き、腰を曲げるストレッチを始め出した。何も言葉を交わさない二人のやりとりに、僕は何だか無性に感動した。

ヒロ先生が初めてテッド先生のレッスンを受けたのは1996年のこと。場所はカリフォルニア。まさに僕たちのいるこの場所だ。

「ブルース・リーは、そんな構えは教えていない」と、ヒロ先生がとった〝オンガードポジション〟は、あっさり否定されたそうだ。構えだけではない。パンチの打ち方、蹴り方、フットワーク、あらゆる動きにダメ出しされたという。

ヒロ先生がそれまで学んでいたジークンドーは、テッド先生がブルース・リー本人から学んだジークンドーとはまったく別物だった。ブルース・リー始祖の武術はあらゆる流儀の寄せ集めで作られたものでも、〝ジュンファングンフー〟という詠春拳を改良したものでもなく、スタイルとして明確に存在していたのだ。

しかし、始祖は若くして亡くなってしまい、死後に彼の遺したジークンドーは純粋性を失い、異なる形で伝わってしまった。哲学と思想の解釈を誤り、大切な技術の継承に間違った影響を与えてしまったのだ。そしてヒロ先生は、長年かけて学んできたスタイルをテッド先生から全否定されてしまうことになった。

当時のヒロ先生がどれほど大変なショックを受けたか、僕にはとても想像できない。何十年と信じて磨いてきた技術を「はい、そうですか」と簡単に切り替えることなど普通はできないし、納得もできないだろう。だが、ヒロ先生は違った。

その日、その時からすべてを切り替え、テッド先生の教えに真っすぐ従ったのだ。それほど、テッド先生の伝えたジークンドーは科学的根拠に裏づけられた、説得力のあるものであった。

「私のお茶が欲しければ、あなたのコップを空にしなさい」という教えは、学びに対するあるべき姿勢を説いているが、自分が何十年とかけて注いできたお茶を一瞬で空

初渡米時。テッド先生、ヒロ先生と

にするなど、なかなかできることではないだろう。この決断の速さこそ、ヒロ先生の武術修行に対する覚悟を如実に表している気がして、僕はこの話をヒロ先生から直接聞いたとき、心が震えた。

そして驚くべきことに、これまで自分が学んだスタイルを捨て去り、ゼロからスタートしたヒロ先生は、それから4年後にはテッド先生からインストラクター証を受け取っているのだ。テッド先生と出会った1996年の夜、カリフォルニアの夜空を見上げながら煙草をふかしていたヒロ先生は、何を思っただろうか。こうしてヒロ先生が紡いでくれたご縁を、自分も永遠に大事にしていこうと胸に誓った。いつかバトンを受けとれるように。

インストラクター

レッスン最終日に先生たちの無言のやり取りを見て、僕の心はいつにも増して燃えていた。アメリカ修行は自分に大きな自信を与え、僕の熱意をいままで以上に掻き立てた。数日間で強くなったわけではないが、唯一無二のグランドマスターから直接指導を受けたことは何にも代えがたい経験であり、僕の大きな財産となった。

何といってもこの旅で得たことは、ジークンドーの技術はもちろん、テッド先生とヒロ先生の師弟関係の様子から、そのスピリットを心に刻めたことだ。稽古に対する姿勢も意識も、これまでと比べものにならないくらい変化したし、同じ道場の先輩やライバルたちに、ますます負けられないと意気込んだ。

そういえば、後日に僕はヒロ先生に尋ねてみたことがある。「テッド先生にスタイルを否定された日、稽古の後に先生は何を思っていたのですか?」と。

「俺みたいに(時間と金を無駄にして)遠回りをしてしまう人間が、もう一人たりとも出ないように、何としてもテッド・ウォン師父から習得して日本で正しいジークンドーを広めるんだ。こんな思いをするのは俺だけでいい」——ヒロ先生はそう思ったのだという。

先生が英語圏で学んだ技術を、我々が母国語で学べることがいかに恵まれているか、このことは弟子として忘れてはならないことだ。さらに、ヒロ先生は教え方や伝え方にも工夫を凝らし、テッド先生から一つの表現で教えられたことを分析して、四つも五つもの表現で僕たちに分かりやすく説明してくれていたのである。これはアメリカに同行させてもらって気づいた点であり、日本でのみ学んでいたら分からなかったことだろう。

アメリカでの経験を経て、1回1回の稽古の貴重さを理解して臨むことで、集中力が見違えるほど変わったと自覚するようになった。本部道場のクラスでは、稽古が始まるとヒロ先生が道場生の前に立ち、号令をかけながらフットワークを行うのだが、入門4年目を過ぎた頃、僕はその役目を任されるようになった。先輩もいるなかでとても恐縮至極だったが、先生から任されたのだからと、萎縮しないよう気力を込めてその役目を果たした。

本部道場にはたくさんの尊敬すべき個性豊かな先輩方がいて、僕は彼らを自分の兄のように慕い、どん欲に技術や知識を吸収しようとした。何より僕は、この素晴らしい武術の楽しさを共有できる仲間に出会えたことが本当に嬉しかった。

稽古量が足りないと感じていた僕は、時間があると先輩に電話をかけ、自主稽古に誘った。あまりにもしつこく誘うので、結局、毎週土曜日の午前中は新宿にあるスポーツセンターで稽古を行うようになり、それはしばらく続いた。フォームチェックを行いながら、どうやったら打撃のスピードが上がるのか、先生はこんなふうに打っていたなど、先輩たちとワイワイ研究しながら稽古に没頭する、とても充実した時間だった。

スパーリングでは先輩たちからボコボコにやられていたが、その痛みすらも嬉しく、喜々としながら「もう1本行きましょう！」と何度もおかわりする僕は、〝練習の虫〟と呼ばれるようになった。

やがて、僕は本部稽古時に先生の相手役を務めるようになった。相手役とは、先生が手本を見せる際、攻めや受けを行う役のことであり、これは先生からの信用がなければ与えられない重要な役割だ。この相手役を拝命した当初、僕はとても緊張していたのだが、あるとき一人の先輩からアドバイスをいただいた。

「東吾は、先生に対し萎縮しているよ。パンチを先生に向けて出すとき、遠慮があるんだよ。あのな、そもそもお前のパンチなんか当たらないし、当たったって効きやしないんだから。そんなことを気にすること自体が無礼なんだよ。むしろ、当ててやるって気持ちで打って、たとえ師匠でも常に挑む気持ちでやるんだよ。覇気のないパンチを打ってるようじゃ、先生もやりにくいんだから。もっと肚《はら》を鍛えろ」

このアドバイスをくれた先輩からは、じつに多くを学んだが、なかでもこの言葉は深く印象に残っている。

次の稽古で先生の相手役を務めた際、僕は真剣に先生に当てるつもりでジャブを放った。瞬間、先生はヘッドスリップして紙一重でかわしながら僕のボディにカウンターを入れた。

「いまのはいいジャブだった」

相手役を務めてから初めて先生に褒められた瞬間だった。先輩のほうを見ると、優しく微笑んでくれた。このような意識の変化が、質の高い稽古を行う上で非常に大切であることを、僕はさまざまな経験から学んでいった。

それからほどなくして、ヒロ先生からインストラクター証が授与された。先生いわく、僕は最短での取得らしい。何者でもなかったあの高校時代から、ジークンドーを学ぶことを夢見た僕は、最短のキャリアでインストラクターとなることができたのだった。当時の先生からの手紙にこう記されている。

「数々の経験をさらに積み重ね、さまざまな人間行動にて適応／適用できる文武両道の人間として進化して行ってください。そして武技の習得だけではなく、哲学／思想や科学的な説明なども生徒に説けるよう、勉強して行ってください。かつてブルース・リー始祖がそうであったように。口で言っていることと身体表現することが必ず一致するよう努力してください。かつてブルース・リー始祖がやってのけたように。君のさらなる成長を期待しています」

僕はインストラクターとして、ジークンドーを志す者として、自分が何を学び何を伝えていくのか、先生や先輩たちの背中を追いながら成長していこうと心に誓った。旅はまだ、はじまったばかりだった。

別の視点

まだYouTubeも誕生していない2004年、世の中的にはまず武術そのものを知る機会も少なく、そのなかでジークンドーは武術界でもさらにマイナーな存在で、一般の方が知る機会は非常に少なかった。

ブルース・リーが創った武術と言えば反応がある場合もあるが、決まって「ヌンチャク振り回して、アチョーとかやるんだ」などと言われ、映画による強烈なキャラクターイメージが先行してしまっていた。この素晴らしい武術の魅力を伝えたいと思う反面、分かる人にしか分からないこのマニアックなところがまたいいのだ、などとも秘かに思っていた。

インストラクターになってしばらく経ち、僕は自分のクラスを設立するため武道場を借りることにした。既存の武道場はだいたい柔道場と剣道場がほとんどであり、どちらも靴を脱がなくてはならないことが不本意ではあったが、剣道場を選択した。理由は、床の硬さの一点である。ジークンドーは、ストリートファイトを想定した武術であるため、本来は靴を履いて稽古を行う。路上に柔らかい畳は設置されていないため、必然的に硬い床を持つ剣道場を選択した。

武道場は広くとても静かで、独特の厳《おごそ》かな雰囲気に包まれていた。本部道場のホームページに場所や時間の情報を載せてはいたが、すぐに生徒が集まるわけでもなく、僕は一人、誰もいない武道場で稽古していた。人数が集まってからクラスを開くのではなく、とにかくまず行動してしまう性格は前と変わらずだ。

生徒が誰も集まらない期間がしばらく続いたが、それでも僕は武道場を借り続けた。誰も来る予定のない稽古場に一人で足を運び、黙々と稽古を行う。といっても、誰もいないので自主稽古である。これを3時間きっちり行うのだ。

僕は本部道場でヒロ先生の稽古を受けつつ、こうした自己トレーニングも休むことなく、ひたすらに技を磨くことを止めなかった。続ける理由など考える暇がないほど、ただただ夢中で楽しかったのだ。人が集まらないことに焦りがあったかと問われると、なぜだか分からないが焦りはなかった。

それでも、ふと不安がよぎった時など、僕は誰もいない稽古場でひとり目を閉じて想像した。目を開くと、道場は活気に満ちた人たちで溢れている。僕がデザインした揃いの道着をまとい、たくさんの稽古生が汗を流し、僕の号令に合わせてフットワークを踏んでいる。道場にはミットが並べられ、大きなサンドバッグがあり、隅には鍛錬に用いられる〝木人椿《もくじんとう》〟も設置されている……。こうしたビジョンを頭のなかで描いていた。現実には僕一人だったが、とてもエネルギッシュな気持ちに切り替えることができた。

しばらくして、ポツポツと問い合わせや体験入門者が増え出し、僕もインストラクターとしてのやりがいを感じるようになった。指導する側となり、人へ伝えることの難しさも知った。同時に、ヒロ先生がいかに指導者として優れているのかを改めて理解した。以後はヒロ先生の教え方にも注目しながら指導を受けるようになった。

生徒に分かりやすく伝えるためには、自分がより深く理解しなければならない。実際にその技術を実演し、視覚的に理解させることと、その技術がどういった理論で成り立っているのかを明確に説明できなければならない。どちらか一方だけでなく、実演と説明、双方を分かりやすく明確に、ダイレクトに伝えられるよう常に考えることが重要だ。

インストラクターになったことにより、これまでとは別の視点でジークンドーが学べることに、僕はさらなる喜びを感じていた。

常設道場

「貸店舗・お気軽にお問い合わせください」

昼間たまたま通りがかった道沿いに、張り紙が貼られた古びた建物を見つけた。窓から少しなかを覗くと、広い空間の奥の壁一面に大きな鏡らしきものがあり、壁際にはバレエで使用するレッスンバーが見える。長く使われていないであろうその建物のなかは壁が剥がれていた。

僕はすぐに問い合わせ先に連絡し、内見することになった。屋内は外から見るよりも広く、僕は部屋の北側にある埃を被った壁一面の鏡の前で背を向けて立った。いまこの空間には僕と不動産屋のおばちゃんしかいないが、ふいに僕の目には、多くの弟子たちが所狭しと稽古している姿が映し出された。

「ここを使わせてください」

バレエスタジオとして使用されていたこの建物は、100平米ほどの広さを持ち、床は全面木の板で、道場として使用するには十分な条件だった。翌日には無事に契約を済ませ、何年も使われていなかったバレエスタジオはこの日からジークンドー道場として稼働していくことになったのだ。それは2010年が明けた1月に〝常設の道場を持つ〟と目標を掲げてから1ヵ月後のことだった。

僕はこの埃まみれで壁の剥がれた道場を何もかも自分で整えたかったので、クリーニング業者は頼まなかった。床磨き、鏡拭き、窓拭き、トイレ掃除など、あらゆることを自分で行い、壁の剥がれは幼馴染で建築士のサイに頼んで、道場の全面に木材の腰板を貼ってもらった。

外には道場らしく看板を掲げようと、地元の先輩にお願いし、DIYで看板を製作した。先輩のヒロシさんはわざわざアメリカからペイント用の材料を取り寄せ、〝5年後にさらに味が出てくる看板〟として僕が希望したデザイン通りカッティングしてくれた。

季節は2月、暖房設備のない道場にヒロシさんと高校時代の親友のTAKAと三人

常設道場。厳かな佇まい

で凍えながら黙々と文字に色を塗り、エンブレムを描き、一晩中かけて完成させた。やがて日が昇り始めて道場に差し込んだ朝の光は、とても眩しくキラキラしていて美しかった。

ボロくて寒い道場のなか、何もかもがこれからジークンドーを繁栄させていく未来へ繋がると思うと、力がみなぎってきた。夜明けに、ペンキがついてしまったお気に入りのN・ハリウッドのパーカーの袖をまくりながら仲間と食べた牛丼は、どんな朝食より美味しくて心に沁みた。

こうして、サラリーマンをしながらジークンドーのインストラクターとして活動していた僕は、ついに自分の常設道場を構えた。この頃には10人余りとなっていた稽古生の指導にも熱が入った。生徒は皆それぞれに目的があり、護身術や健康維持はもちろん、なかにはブルース・リーが好きで門を叩いたという者もいた。

当時の僕はいまよりもピリピリしていたと思う。決して気分に左右されていたわけではないが、インストラクターとして数年が経ち、常設道場を持つ者として、またヒロ先生のプライベート・スチューデントとして、常にナメられてはいけないという意識が働いていた。また、この頃には数多くの先輩方がリタイアしてしまったこともあり、すでに古参となった自分がしっかりしなければならないという気持ちもあった。

道場の体験入門には腕試し的なスタンスでくる者もいて、そういった相手には毅然とした態度で対応し、スパーリングという名目で実力を示すこともしばしばあった。

武術を修行する身として〝実戦〟については常々考えてきたが、当時は特に強く意識していた。いわゆる〝達人〟と呼ばれる先生方は、自身の著書やインタビューなどで「実戦経験はいまの時代に必要ない」といったニュアンスで語ることが多く、僕はいささか疑問に思っていた。

先生方は実戦経験を積んだからこそ、その境地に至り、武を高めていったのであって、「実戦経験は必要ない」という言葉こそ、実戦経験から生まれたものではないのか——。

実際、ヒロ先生の若い頃の修行時代の話を聞くと、数々の実戦を経験なされてきたことが分かった。自分も経験したいと思うのは、至極当然だった。決して力を誇示したかったわけではなく、武術家としての経験値を積みたいと純粋に思っていた。

自ら好んで争うことは武の道に反する、そんなことは百も承知である。一方で、100回のスパーリングよりも1回の実戦を経験したほうが胆力が身につくとも言われているのだ。

そうした考えが頭をめぐっていた頃、僕は何回かの実戦を経験することになった。〝思考は現実化する〟とはよく言ったもので、よほど強く思っていたのか、立て続けにその機会はめぐってきた。自分の身を護るためとはいえ、それは決して気持ちのよいものではなかった。僕には数回の経験で十分だと思った。

武術における〝実戦〟とは、会場もなく、レフェリーもいない、相手が何を持っているかも分からないノールールの状況であり、それはいつ起こるかも分からない。そうした有事の際、自分の身と自分以外の者を護るため、生き残るため、日々研鑽《けんさん》を重ねていくことが僕の武術修行の本質の部分である。

こうした武術に対する自分の考え方は、もちろん師匠であるヒロ先生の影響を大きく受けていた。したがって、指導への熱の入れ方、そしてオン・オフの切り替えについても、自然と先生のようになっていったのかもしれない。稽古生はそんな僕の指導にめげずについてきてくれて、熱心に稽古に励んでいた。そして稽古が終わった後は、技術についてのさまざまな質問からさらに問答が白熱し、気づくと日付をまたいでいることもしばしばだった。

自分にとって初めての常設道場では、そんな濃密な時間が流れていた。

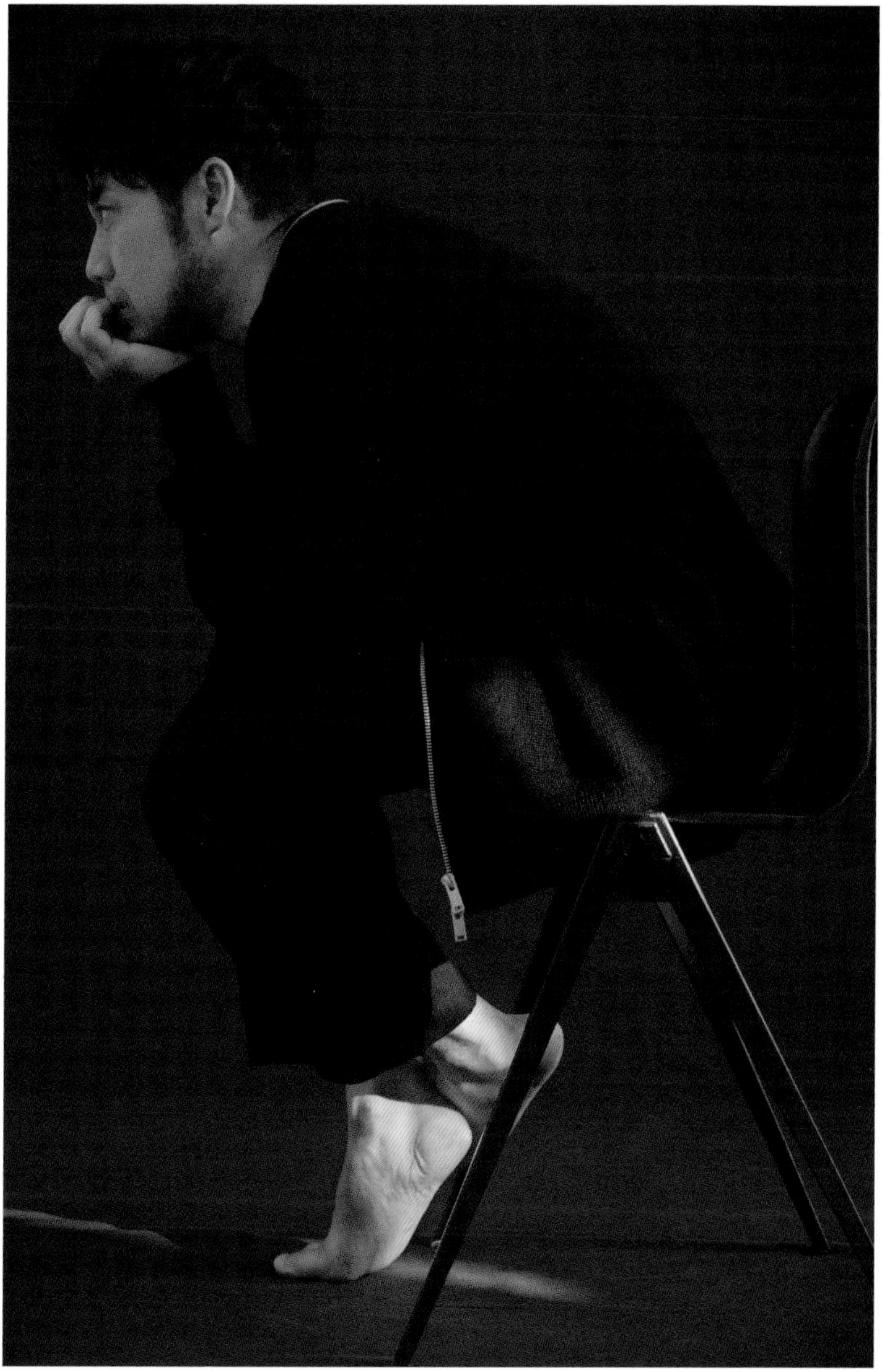

第三章

MOVE

師公と師父

テッド・ウォン先生のプライベート・レッスンを受けるため初渡米した2003年以降、僕は可能な限りヒロ先生に同行してアメリカへ飛び、修行に励んだ。テッド先生はヒロ先生の先生であるため、僕からしたら〝大先生〟である。中国武術の世界では、先生のことを〝師父《しふ》〟と呼び、先生の先生のことを〝師公《しこう》〟と呼ぶ。師公と師父に直接プライベートな空間で稽古をつけてもらえることの貴重さと幸せを、常に自分自身に言い聞かせ、瞬間瞬間を大切に過ごすことを意識した。

初めて中国武術の散打《さんだ》大会に出場することが決まったことをテッド先生にお伝えした時は、プライベート・レッスンの内容が〝他流儀への対処方法〟となった。試合に向けて、テッド先生の指導の下、ヒロ先生が僕の相手役を務める——本当に身のすくむほどの恐縮と、感謝の思いでいっぱいだった。相手が中国武術の場合、あるいはムエタイの場合など、さまざまなスタイルに対しジークンドーでどう対処するか、実戦形式での稽古では目からうろこが落ちるような新たな技術をたくさん伝授された。

タックルに対する対処法をヒロ先生に指導してもらった時のことは、特に印象に残っている。僕がタックルを仕掛け、ヒロ先生がさまざまな方法でそれにカウンターを入れたり、回避したりする技術を教えてくれていた。テッド先生は、その様子を黙って見守っていた。

　こうした実戦形式の稽古の場合、素手の状態で打撃を受けつつ教えを受けるのだが、僕は先生の熱心な指導に何とか応えようと、それまでよりも勢いよくタックルに入るためグッと頭を下げて踏み込んだ。その瞬間、とっさの反応で放ったヒロ先生のバックスピンキックが僕の顔面を見事に捉えた。カウンターの炸裂である。ちなみにバックスピンキックとは、文字通り回転を加えた直線的な蹴りであり、蹴り技のなかで最も破壊力を秘めている。それをカウンターで顔面にいただいた僕は、たちまち芝生の上に仰向けに倒れ込んだ。僕が最後に見たのはヒロ先生の靴の裏だった……と、死んでしまうわけにはいかないので、ヒロ先生に助けられながら何とか起き上がったのだが、少し鼻血が出て真っ赤になった僕の顔面を見て、テッド先生は「はっはっは！」と爆笑している。

「いや先生、爆笑してる！　……って、ヒロ先生も爆笑してるし！」

　このようにして、鬼のような二人の師匠によって僕は鍛え上げられていった。もしかすると一般的には理解できかねるだろうが、ジークンドーの道を志す者としてはまったくもって最高の環境である――と、タラリと垂れた鼻血を手で拭いながらキリリとした表情で僕は思った。

とっさの反射で蹴りが当たってしまったにもかかわらず、瞬時に蹴り抜くことを止めたヒロ先生。その状況を見て、僕へのダメージがそれほどのものではないと見抜き笑ってくれたテッド先生。なかなか結構しっかり痛かったけれど、稽古時のこうした些細な出来事を通じて僕は鬼の師匠からの愛情を感じ、そこからまた多くの学びを手にした。そしてこの経験のきっかけとなった散打大会では、最優秀選手賞を受賞することができたのだった。

2003年以降、日本で開催されたセミナーでは、テッド先生ご本人からデモンストレーションの役目を指名された。自分がセミナー参加者の前に出てテッド先生の持つミットへ技を出すという大役は、先生や先輩、大勢の参加者、雑誌の取材班のいるなか、緊張で震える思いだったが、テッド先生はもちろん、ヒロ先生の顔に泥を塗ってはならぬという思いで、全力で対応した。

逃げ出したくなるようなプレッシャーを感じていたが、これは人前でデモンストレーションをしているというよりも、先生に稽古をつけていただいているという意識に切り替え、自分自身にかかる緊張の度合いを変えたことで乗り越えることができた。失敗したらどうしよう、みんなからどう見られているのだろうなどと、自分自身のこ

テッド先生来日セミナー時の様子
〈『月刊秘伝』2008年2月号より（BABジャパン提供）〉

師匠の背中を追いながら

とばかりに気持ちを向けるのではなく、「マンツーマンで稽古！　超ラッキー！」と頭を切り替えた時、人から見られているという雑念のような意識は消えていったのである。僕はそれだけ集中することに集中していた。こうして大事な局面を繰り返し経験させていただいたことは、僕自身の心の鍛錬に繋がったのだと思う。

2日間にわたる来日セミナーの際、テッド先生は毎回、終了後の打ち上げまで参加して、日本の稽古生との団欒《だんらん》を楽しまれていた。アットホームな空間をとても喜んでいる様子だった。

帰り際、テッド先生が送迎の車に乗り、僕はヒロ先生に従って後部座席に乗り込んだ。いつまでも車を見送る弟子たちの姿が見えなくなると、助手席のテッド先生はすぐに眠りについた。「先生、寝ちゃいましたね」と僕が言うと、「いつもこうだよ」とヒロ先生。ブレーキ一つにも細心の注意を払いながら、慎重に車を走らせる。

テッド先生のお歳を考えると、言語の異なる遠い国で6時間にも及ぶ指導を2日間にわたって行い、打ち上げにも参加してくれたのだから、当然、大きな疲労が蓄積していたのだ。しかしそんな素振りは微塵も見せず、こうしてみんなの知らないところでだけ休むようにしていることを知り、僕は感謝の気持ちでいっぱいになった。同時に、テッド先生が毎回必ずセミナー開始時と終了時の挨拶の際に「Thank you for coming（来てくれてありがとう）」と参加者に告げていたことを思い出し、自分が情けなくなった。

セミナー会場に行けばテッド先生はそこにいて、こうした舞台の裏側など知る由もなく、また気づくこともできなかった。僕はただのセミナー参加者だったのだ。毎回テッド先生を日本へ招待している先生方の苦労や、テッド先生に対するとても細やかな気遣いなど、裏側に潜む多くの尽力を目にすることができた僕は本当に恵まれていた。

ヒロ先生のおかげで、こうしてテッド先生と行動をともにさせてもらい、先生の背中を見て師弟関係について多くのことを学んだ経験は、自分自身を振り返るきっかけにもなり、僕に大きな影響を与えた。自分の師匠のさらに上の師匠に対する振る舞いを直に見て、同じ空間の空気を吸えたことは、道場で技術を学び身につける以上に大切なことだったと思う。

このような出来事から師に対する敬意はより深まっていき、同時に、技術面ばかり追い求めがちな自分自身を戒めるきっかけとなった。

何かを学ぶ際、重要なのは〝素直に学ぶこと〟であると思う。自分がインストラクターとして教え始めるようになってから、いかにそれが大切な要素であるかを、いっそう強く感じるようになった。

例えば師が「突きを速くするためには、力を抜くことが重要で、それを得るためには脱力体操を行うことが重要である」と言った際、その場では脱力体操の重要性を認識したとしても、実際にその修練を素直にずっと続けられる人間が何人いるだろうか。「やりたい人1万人、やる人100人、続ける人1人」というような言葉があるが、知っていることと、自分がそれをできることとはまったく別ものであり、そんな当たり前のことを勘違いしてしまう場合があるのだ。

1999年10月3日、入門して間もない頃の稽古日記に僕はこう記している。

「親指のつま先だけで歩けるようにすること。指立て伏せもやる（先生からの指導）」

この日は、つま先を使用した蹴り技を説明していくなかで、おもむろに裸足になったヒロ先生がつま先立ちを行った。親指の先端で体重を支えて立っているだけでなく、あろうことかそのまま何回もジャンプをしたり、歩いたりしている。つま先を鍛え上げれば〝足尖蹴《そくせんげ》り〟を使えるようになる。相手の身体にピンポイントで突き刺すように蹴ることでエネルギーを一点に集中し、ダメージを与えることができるようになるのだ。実際に腹に先生の蹴りを受けたが、僕は一瞬で悶絶した。「時間はかかるけど、頑張って修練すればできるようになるよ」という先生の言葉を受け、この日から僕はつま先で歩くトレーニングを始めた。

先輩も含め、指導を受けた生徒は僕以外にもたくさんいたが、数年後、親指のつま先で歩けるようになったのは僕だけだった。なぜ続けられたのか、それは先生のようになりたかったからにほかならない。

想像通り、この鍛錬はとても痛みをともなうものだった。しかし、僕は「自分が嫌なことやキツイことから逃げずに、向き合うことこそが武術修行だ」と、そういった覚悟を入門当時から持っていたので、この鍛錬を続けないわけにはいかなかったのだ。それと、これは少し性格が悪いかもしれないが、「誰も続けないだろう」と思ったこともモチベーションになっていた。きっと誰もやらないだろうから、先輩やライバルを出し抜くチャンスになると捉えたのである。

理由は何であれ、師の教えに素直に従い、痛みに負けずにどん欲に鍛錬を続けたことで、あの日に先生が見せてくれて大いに感動した技を、何とか僕も受け継ぐことができたのだった。

諦めることは簡単、いつでもできる。やるかやらないか、選択は二つで、それを決めるのはいつも自分自身である。とはいえ、人間は怠けるもの。何かを続けることの難しさについては、テッド先生自身も書籍『李小龍大全 ブルース・リー・ライブラリー』（ソニーマガジンズ、1998年）のなかでこう語っている。

「誰かが『ブルース・リーのようにトレーニングしたり、彼の教えに従おうなんて気をおこすもんじゃない。彼は特別な人間だったのだから』と口にするのを聞くたびに、私はブルース・リーにまつわるすべてが誤解されていることを痛感させられます。彼はよくわたしたちに、自分は何も『特別』なところはなく、単にひた向きにトレーニングを積んでいるにすぎない、といっていました。ブルースがあんなにも優れていたのは、彼が自らをそうせしめたからなのです」

武術における僕の修行観に大きな影響を与えた大好きな一節で、蛍光色のペンでマーキングしている箇所だ。

ブルース・リー始祖は、厳しい鍛錬を自らに課し、自身の武術を完成させるためにワンインチでも前に進むべく、生涯にわたり努力し続けていた。天才と思われていた男であるが、その華やかな功績の裏にはとてつもない量の汗が流れていたのだ。自分に才能がないと決めつけ、努力を怠ってしまうこと、成長を自らストップさせてしまうことはとてもナンセンスで、もったいないことだと思う。頑張って続けた先にこそ、見える景色や喜びがあるのだ。

悔しさと

悔しくて眠れなかった。

僕のクラスでは、自分の生徒に対し「先生だからと遠慮し、わざとやられるような真似は絶対にするな」とキツく注意していた。僕は馴《な》れ合いの稽古が一番嫌いで、特に先生だからと遠慮されることが許せないタイプの人間だ。それはいまでも変わっていない。

外国人の生徒でミゲルという男がいて、彼は格闘技を数年学んでいたことがある程度だった。身長は190cmほどで、腕のリーチが長かった。僕はインストラクターとして彼にジークンドーを教えていたが、スパーリングを行ったある日、僕は何度も彼に打たれてしまった。こちらのパンチは当たらず、彼のリードジャブで幾度も止められてしまったのだ。その日は悔しさと情けなさで眠れなかった。先生としての面目は丸つぶれである。

僕は、完璧な先生などいないと思っている。誰しも欠点や足りない部分はあるし、先生といってもそのなかでまたレベルがある。武術の場合、その流儀の理合《りあ》いを使った正しい形で技が体現できるか。その技術を言語化し、生徒に指導することができるか。それらの技術や理合いを実戦の場で表現することができるか。これが重要だ。

武術は使えてなんぼ。いくら理論がすごくても、実際にできなければ説得力は生まれないだろう。飼いならした生徒を使ってデモンストレーションを行い満足しているような先生にだけはなりたくない。だから、このように自分が無様な姿をさらしてしまったことは生徒には申しわけなく思うが、僕は成長のチャンスと捉え、何が悪かったのか、なぜ打たれたのか、リーチ差のある相手にはどうしたらよいのかを改めて研究した。つまずきを踏み台に変えてこそ成長に繋がるのだ。「何も恥じることはなく、その時そのままの、あるがままの自分でいい」と、シンプルに考えればいいことだ。

僕自身が武術を始めてこのような考えに至ったのは、自分が持つ〝弱さ〟を認めた時からだったと思う。弱さとは、武術やケンカのことだけではなく、目に見えない心の部分などさまざまな要素であり、それは自分自身を見つめ直して初めて気づけることだ。それらを受け入れた時、そこからどうするかで次のステップへ成長することができる。

僕は改めて自分のフットワークを見直し、距離の取り方やギャップの埋め方についてスパーリングを通して研究し、特に〝ブロークンリズム〟というフットワークに磨きをかけた。眠れぬ夜を重ね、最終的にはミゲルの攻撃は当たらなくなり、僕の攻撃は余裕をもってヒットするようになった。

こうした失敗談というか、成長談はまだまだある。

体重があって体格のいい弟子に島野という男がいる。ミットを構えた彼を誰もサイドキックで飛ばすことはおろか、動かすこともできなかった。僕は先生らしく「浸透力が足りないね」などと言い、サイドキックを放った。ビクともしない状況に周りの弟子がリアクションに困っている。もう一度、今度は全力で蹴るが結果は同じだ。普段から「簡単に崩れるような持ち方をするな。効かなかったら効かないでいい。それを超えることが稽古なんだ」と口酸っぱく言っていたおかげで、とてもいい弟子に成長していたということだ。先生としては死ぬほど悔しかったが、僕は弟子が忖度《そんたく》せずにいてくれたことが嬉しかった。

この時、「先生なら超えられます」と、さらにどっしり構えていた島野。傍から見たら、もはやどちらが先生か生徒か分からない。が、そんなことは関係ない。技量の足りない先生で大変申しわけないが、ここにこそ成長のチャンスがあるのだ。この弟子を吹き飛ばしたり、威力を浸透させたりできれば、その時はさらに成長できた自分がいるはず。悔しい反面、わくわくもしているおかしな感情を胸に、僕はサイドキックの研究を深めた。

師匠であるヒロ先生のサイドキックは僕のそれとは質が違い、体重差がある相手でも内部に爆発を引き起こす（浸透させる）威力を秘めている。僕は、あのサイドキックを食らった時の一瞬にして内臓がよじれるような感覚と、ヒロ先生の動きの流れのイメージを何度も頭のなかで反芻し、自分の身体で試し続けた。

自分の求めることに常日頃から意識を向けていると、ある日突然ひらめきがやってくるというのも、ヒロ先生から学んだことだ。その日もサイドキックの稽古を行い、僕は生徒を順に指導して回っていた。ミットを持って構えをとる島野は、相変わらずパートナーの蹴りにも微動だにしていない。ふと僕は構えをとる島野を見て、「行ける」と確信した。何の気負いもなくサイドキックを放つと、島野は悶絶している。皆一様に驚いていたが、僕は「やっぱり」という感じで、この感覚を忘れないよう続けて何度か打たせてもらったが、全部同じ感覚で蹴ることができた。これまでにない威力に、島野は嬉しそうに悶えていた。

「先生、やばいっす。やりましたね！」

まったく、どちらが生徒か分からない。

武術修行において、それまでできなかったことが、ふと嘘のようにできるようになることがある。重要なのは、できる人間にその技をかけてもらい実体験で知ることだ。ヒロ先生はそれを〝種植え〟と呼んでいるが、はじめはできなくても、種を植えて諦めずに修行を続けていけば、いつか芽が出るのだそうだ。ただし、芽を出させるためには〝努力〟という水を与えなければならない。説明を聞いて「なるほど」だけでは何も身にならない。

「Knowing is not enough, we must apply.（知ることだけでは充分ではない。我々はそれを応用しなければならない）。Willing is not enough, we must do.（思っているだけでは充分ではない。我々はそれを行動に移さなければならない）」

これはブルース・リーが人生の〝座右の銘〟としていた言葉であり、自己実現の定理として重要な言葉である。できなかったことから逃げずに向き合い、できるようにする。先生という立場になっても、いつまでも等身大の自分でいながら努力を続けることができれば、成長し続けられるのだ。

継承者

2010年の春、テッド先生が病で倒れたことをヒロ先生からうかがった。

テッド先生はご高齢にもかかわらず、これまでジークンドーの普及のために世界中を飛び回って指導を行ってきた。その明快な指導方法と、誰もが目を奪われる洗練された技術、そして先生ご自身のお人柄により、日本も含め世界中からセミナーのオファーを受け、それぞれに自ら足を運んでいたのだ。

そんな精力的な活動の無理がたたったのか、先生のお身体を思うと憂慮に堪えなかった。当時、夏になればテッド先生の下で修行するためアメリカに行くことが恒例になっていたのだが、この年はどうするか、ヒロ先生に尋ねた。先生は当たり前のようにこう答えた。

「行くよ。俺たちが先生から学んだジークンドーをどれだけ習得しているか、先生を安心させるためにも行かなきゃ駄目だ。先生を元気づけに行くぞ」

僕は複雑な気持ちだった。僕たちが行くことで、テッド先生に無理をさせてしまうのではないかと。だが本当のところ、本音を言うと、僕もヒロ先生の気持ちと同じだった。だから僕の質問に先生がそう答えてくれたことが嬉しかったし、「行くぞ」という言葉にまるで腕を引っ張られるような力強さを感じた。

この状況でテッド先生を訪ねることが非常識だと言った方もいたし、その方から僕は直接厳しく非難された。当然、その気持ちも理解できる。先生が弱っている状況だからこそ、元気づけに行く。先生が弱っているからこそ、気遣って訪問を遠慮する。どちらも師を思った上での考え方であり、それに従った行動なのだ。僕はいま一度自らの心に向き合い、自分の気持ちに素直に従うことにした。

ロサンゼルスに着き、いつものホテルに到着すると、19時半にテッド先生が迎えに来てくれた。先生から以前のようなエネルギーが感じられず、歩きもゆっくりでどこか弱々しく見え、左手には麻痺が残っているようだ。僕は胸の奥が苦しくなった。

中華料理屋に行き夕食を食べながら、ヒロ先生とテッド先生の会話を僕は黙って聞いていた。テッド先生が倒れてから、こうして先生のもとを訪ねたのは僕たちだけだとおっしゃって、少し寂しそうな顔をされた。僕は、心の底からアメリカに来てよかったと思い、テーブルに並べられた料理をバクバクと平らげるように口いっぱい含んだ。それを見てテッド先生は「東吾は長旅で腹が減っているのか」と笑っていた。

宿泊先のホテルに戻ると、ヒロ先生から「明日からのレッスンはいままでと違うからな。お前もそのつもりで覚悟して臨むんだぞ」と言われた。先生の瞳の奥にあるもの、言葉のトーンから、先生の言いたいこと、思いは僕にも十分に伝わった。

翌日、テッド先生のご自宅のバックヤードで、これまでにも増して強い日差しを浴びながら僕はヒロ先生と向き合っていた。互いに素手である。稽古場となるバックヤードの掃除を終え、テッド先生に稽古開始の〝抱拳礼《ほうけんれい》〟を行ったあと、ヒロ先生と僕はいきなり素手のスパーリングを開始した。それはテッド先生に指示されたわけでもなく、ヒロ先生の自発的な行動だった。ヒロ先生の纏《まと》う空気はいつもと違っていた。僕は渡米前に先生が言っていたことを思い出した。この素手のスパーリングを通して、テッド先生に思いを伝えようとしているのだ。

ロングレンジから一瞬にしてストレートリードで喉を突く。アングルをとって背後へ回り込む。ブロークンリズムを使い、空間と時間を制御しつつ攻撃を繰り出す――。ヒロ先生はジークンドーのあらゆる技術と戦術を駆使し、それをスパーリングのなかで表現した。僕は先生との攻防に全神経を集中させた。一瞬でも気を抜いたら大怪我をする、僕は先生からそれだけの覇気を感じていた。怖い。長い。もう保たないかもしれない。1分？　10分？　1時間？　どれだけの時間が過ぎたのか把握できないが、僕自身の体感時間はとても長かった。その間、帽子を被ったテッド先生はただ黙って見守っていた。

スパーリングが終わると、テッド先生からアドバイスをもらった。僕の稽古日記には次のように書かれている。

「なるべく身体をオープンにしないよう注意すること。蹴りに対してはパンチでアタックし、相手の足を攻撃。リードハンド、リードレッグを使うように。時にオープンアップし、クロスでカウンターを取るなど角度を使って攻撃する」

この時のレッスンは、これまでと違う点が多々あった。テッド先生が動画撮影を行っていたこと。また、我々にも稽古の様子を撮影することを許可してくれたこと。これまで稽古を映像で残すことは一切なく、暗黙の了解として撮影を依頼することなどしなかったが、今回はテッド先生自ら一部始終を撮影していた。そして、これまでレッスンは午前中のみだったが、昼食後に「じゃあ午後の稽古に行くぞ」と、滞在期間中ずっと午前と午後に行われ、これにはヒロ先生も驚いていた。僕はこれまで午前の稽古だけでも何度も倒れ込んでしまっていたが、テッド先生の気持ちに応えるためにも情けない姿をさらけ出すことはできなかった。

稽古が終わりホテルに戻ると、ヒロ先生の部屋でその日に撮影した稽古動画を見返し、テッド先生の教えを振り返りつつ、自分たちの動きに関する反省会が開かれた。ヒロ先生もご自身の動作に対して「ここは、もっとこうしなければならない」などと細部にわたりチェックし、その場で動きながら自分のフォームなどを改善し、翌日の稽古に向けての準備を整えていた。

4日間にわたる稽古は、これまでにない空気感のもと、テッド先生はとにかく懸命にジークンドーを伝えようと鬼気迫るような指導を行った。驚くべきことに、弱々しく見えたテッド先生の姿はいざ稽古になると別人のようにエネルギーに満ち溢れ、僕の目の前でオンガードポジションをとった時、先生の左手の震えは止んでいた。その姿からは一切の〝我〟が感じられず、ただそこに構えている、そんな印象を受けた。

年齢を重ねていくというのは老いることではなく、熟練していくことなのだ。これまでの経験と途方もない修練から身につけた確固たるものが、テッド先生の構えに表れていたように思えた。ただやはりこれまでとは違うご様子に、僕は一抹の不安を感じたが、それには蓋をした。

最終日の稽古後、「記録した映像からピックアップしてYouTubeに動画を載せるように」とテッド先生に言われた。これまで「映像を出すように」など一度も言われたことがないようで、ヒロ先生は驚いていた。そしてその後、テッド先生の口からヒロ先生に、「ブルース・リーが伝えたジークンドーに関し、今回のレッスンで全伝を伝えた」ということが告げられた。僕は生き証人として、バトンが次世代に受け継がれた、その瞬間を目に焼きつけた。

テッド先生が稽古の最後に話していたことは、次のように僕の日記に綴られている。

何度も見上げたカリフォルニアの空

2010年。最後となったレッスン

「どれだけ学んだかは重要ではない。どれだけ吸収したかが重要だ。武術家に一番大切なことは個性、性格である。多くの武術家は自分がナンバーワンというエゴに囚《とら》われている。真の武術家はエゴから解放されなければならない。よい仲間、家庭を持ち、それらを大切にすることが武術を行う上でも重要である」

最終日の夜、アルハンブラにあるバイキングで食事をとった。テッド先生に聞くために用意した英語で書かれた質問を読み上げたのだが、「東吾の言っていることが伝わらない」と、テッド先生は笑いながら僕のメモを取り上げ質問に答えてくれた。僕はそこで入門11年目にして初めて色紙にメッセージを拝受した。その場で色紙に頬ずりして飛び上がりたいほど嬉しかった。

すっかり暗くなった帰りの車のなか、運転席にはヒロ先生、助手席にテッド先生。ラジオからはシャーデーの曲が流れ、車内の時間は静かに流れていた。丘の上から見える夜景はとてもキラキラしていて、僕は色紙を抱きながら窓越しにそれを見つめていた。テッド先生の自宅前に車を停め、今回の稽古や食事の際のことなど、たくさんのお礼をお伝えし、最後に強く固く両手で握手を交わした。「OK, See you next time」と言ったテッド先生の目には少し光るものがあった。ホテルに着き、僕はベッドの上でこの旅で得たことを思い返した。あの日、「テッド先生を訪問するのは非常識」という言葉に従って行くことを断念していたら、僕はきっと一生後悔しただろう。

それから5ヵ月後、テッド先生の訃報が届いた。

いま思えば、おそらくテッド先生はご自分の死期が近づいていることを感じていたのだと思う。それはあの夏にお会いし、稽古をつけてもらい、時間をともにさせてもらった時の様子の端々からもうかがえた。ヒロ先生も気づかれていたようだが、絶対に口にすることはなかった。あくまで稽古のなかで無言の会話をしていたのだと思う。

テッド先生はそのような状態にもかかわらず、あの炎天下のなか、ご自身の命を懸けて全力で指導してくださったのだ。だからいつもより永く、いつもより厳しく、そしていつもよりどこか寂しそうな表情だったのだ。テッド先生は、ジークンドーの師であり、親友でもあったブルース・リーとの友情と彼の誇りを、その生涯を費やして守り抜いたのだ。

僕は最後の稽古でテッド先生を安心させることができたのだろうか？　とてもそうは思えない。先生の恩義に報いることとは何だろうと、しばらくの間僕は考えた。それは、続けていくことだ。たくさん注意を受け、指導を受けたことを忘れずに、少しでも前進できるよう努力し続け、さらに理解を深めていくこと。テッド先生ご自身も、とにかく続けることを願っていた。以下、僕の稽古日記から2007年に来日された際のテッド先生の言葉を記そう。

「ジークンドーではフットワークがすべて。どの動きもフットワークを使う。フットワークを練習していれば60歳、70歳になってもファイトを続けることができる。身体能力を高めることができる。あるいは、80歳、90歳になっても20代の動きができるかもしれない。とにかく地道に努力し続けるように」

日記の最後にはこう書かれている。

「Don't give up!!!」

踊る海外出張

空港へ向かうバスに揺られてボーッと窓の外を眺めている。夜明け前の空はまだ暗く、乗り物酔いしやすい僕は寝ることに集中しようと、ベストな寝方を探るためにモゾモゾ身体を動かしていた。子供の頃から特にバスが苦手で、武術の先生となったいまもこんな具合だ。鍛え方が足りないのだろうか。さらにこれから飛行機に乗ることを考えるともっと憂鬱になった。

僕は高所恐怖症で、大人になるにつれてそれはひどくなった。東京タワー、ジェットコースター、観覧車……。2階の窓から下を見るのも怖いというありさまなので、飛行機などもってのほか。実はアメリカへの修行でも、行きの飛行機が僕のなかではすでに山場だったのだ。だからとにかく僕は寝てしまいたかった。

この前日の深夜、携帯電話に職場の課長から留守電が入っていることに気づいた。嫌な予感がするなか、留守電を聞いてみた。

「あー、もしもし石井君ですか。えー……明日話します！」

いつも通りのお茶目な課長らしい、まったく無意味な留守電である。そしてこのパターンは嫌な予感しかしないのだ。

翌朝出社すると課長はすでにデスクにいて、僕を見るなり「あ、来た来た！　石井くん！　ちょっと！」と手招きした。課長の隣には、この時間にはまだ来ていないはずの主任もいて、いつもの朝の雰囲気とは少し様子が違う。僕は二人の上長を見ないふりをしてリュックを置き、自分のデスクに座る小ボケを演じようとしたが、「いいから早く来て！」と言われたので課長のもとへ小走りで参上した。

「留守電聞いた？」と課長。「はい。聞きましたけど、明日話しますって留守電、深夜に入れないでください」と話す僕を、課長は真剣な眼差しで頷き、見つめている。

「でね、明日から中国に飛んでもらうから」と課長。僕は当時、カメラ用交換レンズの技術グループに所属していて、そこで主に新製品の立ち上げを担当していた。新製品といってもさまざまな機種の製品がいくつも存在していて、技術グループ内ではそれぞれ担当が振り分けられているのだが、僕はこの時すでに四つの新製品の立ち上げを同時に担当していて、仕事に道場に、とても忙しく過ごしていた。

それでも、こうして僕を選んでくれたのも何か考えがあってのことだろうと、僕はすぐに肚をくくった。とにかく明朝には中国へ飛ばなければならないので、時間がない。問題となっている機種についての情報や、現状を把握するため、すぐに関係部門を交えてミーティングが開かれた。

当時、中国のグループ会社で製造していた一部の部品から不具合が多発しており、国内における新製品の組立工程への部品供給が逼迫《ひっぱく》していた。出張の目的は、その原因を解明し、生産ラインの工程を改善して不良率を低減させることだった。

元々の担当者が変更になり、同類製品を担当していた僕が選ばれたようだ。我々技術グループは、こうした不具合が起きないように品質、コスト、設備など、さまざまな検証を十分に行った上で設計部門、品質保証部門、生産管理部門、調達部門などと連携し、海外工場の製造工程を立ち上げているのだが、こうした突発的な不具合に迅速に対応することも我々の大切な業務だったのである。

今回の不具合は国内でも解析等を行っていたが原因の解明に至らず、とにかく一刻も早く改善を行わなければ国内の生産・納期に甚大なダメージが出てしまうため、明日から現場に入る必要があるとのことだった。「こんなに急で、チケットの手配が間に合うのか？」ということが頭によぎった時、思い出したことがあった。僕は週末、運転免許の更新に行く予定があったのだ。このところ多忙を極めていたため、ついつい先延ばしにしてしまっていたのだ。免許の期限はギリギリとなっていた。

「課長、免許証の期限が切れそうで、週末書き換えに行く予定だったのですが、出張、それまでには帰ってこられますよね？」と、僕は課長に尋ねた。「ええ！　そうなの⁉　じゃあいまからすぐに書き換えに行ってきてよ！」と課長。「え？　いや、週末に戻ってこられるなら今日無理に行く必要もないんですけど。いまから引き継ぎもありますし」と僕は課長と主任の顔を見る。「あ！　課長、次の会議ありましたよね？」と主任。課長は「あ、そうだ！　もう出なきゃ！　そうだそうだ」と言ってバタバタと会議室を去る間際、「とにかく書き換え、行ってね」と捨て台詞を残し行ってしまった。

運転免許センターから会社に戻った頃にはすっかり日が暮れていて、総務部、情報システム部の素早い対応により、航空券の手配も、海外出張用のパソコンも、携帯電話の準備も、出張申請書の受理もしっかり済まされていた。そこから急いで今回担当する機種に関する業務の引き継ぎをバタバタと行い、最後に改めて出張のタスクを整理して帰路についた。スーツケースへのパッキングを始めた深夜、僕はとりあえず1週間分の着替えの用意を行い、ジークンドーの道着とミットも荷物に詰めた。もちろん道着とミットはまったく仕事には関係ないが、何があるか分からないので常々持ち歩くことにしていたのだ。

現地に着くと、さっそく生産ラインに入り現状を確認した。それぞれの工程をチェックし、どこで不具合が発生しているのか原因究明を行った。

もう何度目かの海外出張となるが、僕は中国語を話すことができない。製造工程の部課長は日本語が話せるためコミュニケーションの苦労は少ないが、現場に入ると日本語を話せる者はまったくいなくなる。しかも作業者の年齢層はかなり若く、20代前半の女性が多い。この機種の生産ラインは60名余りで、各作業エリアのリーダーはすべて女性だった。完全にアウェーである……などとは考えず、僕はどんどん彼女たちに声をかけ、話しかけた。

コミュニケーションこそが最大の武器になる。それは僕の社会人経験から得た一つの答えであった。会話は筆談とボディランゲージで行うが、気づくと中国語風の日本語を話してしまい、困り顔をされることもしばしば。筆談でも、日本語と中国語では、名詞は比較的意味が似ていて通じやすいが、動詞は意味が違っていることがあり、通じないことが多い。動詞の意味が通じないと、そこから認識のズレが生まれて理解できなくなってしまうこともある。また、簡体字となると全然分からなくなってしまう場合もあるため、筆談でこちらの伝えたいことがすべて伝えられるわけではない。それでも懸命に自分が何をしようとしているのか、試行錯誤しつつコミュニケーションをとり続けていくことが大切なのだ。初めは疎ましく思われるが、そこで折れてはいけない。

不具合品の解析はまず、部品、人、環境、設備、輸送など発生場所の特定を行う必要がある。だが、一つひとつ行っている余裕はなく、それらをいっぺんに進めるために各部門の取りまとめを行いながら、僕は僕で現場での解析を行っていた。そうして2日目にして早くも原因と思われるものを見つけ出し、改善品を国内に出荷してその反応を待った。

翌日の国内の受け入れ検査結果では、これまでの不良率から数パーセント向上したが、まだ改善が必要だった。海外出張の際は国内にいる上長と毎日WEB会議を行い、こちらの進捗状況を報告するのが日課で、国内にいる仲間の顔を見て話すことができるこの時間は、僕の心にほんの少しの安らぎを与えた。

僕はとにかく1日でも早く日本に帰りたい一心で、夜遅くホテルに帰ってからも、解析結果のレポートを書いたり、今後の改善策を考えたりと寝る間も惜しんで没頭した。そんななかでも、武術のトレーニングは欠かさず毎日行っていた。ストレスの多い環境で、自分らしさというものを維持するために僕にとっては必要な時間だった。

真夜中、武術のトレーニングを行い集中していると、だんだんと心と身体が一致してくる感覚に気づくことがある。それはとても静かで心地よい時間であり、僕の心と身体をリセットしてくれた。休みの日も、僕は滞在先のホテルに引きこもりずっと仕事モードを決め込んでいた。ずいぶんとストイックな仕事人間に思われるかもしれないが、決して仕事が好きでそうしているわけではない。どちらかというとむしろ嫌いだ。早く帰りたいから、一生懸命仕事をするのだ。

その後も、さまざまな策を講じて改善を繰り返し、何とか本来の目標値まで不良率を低減させることができたのは入国してから2週間が過ぎた頃だった。

出張中の昼食は現場の食堂でとっていたが、僕は食堂の料理がどうしても合わず食べることができずにいた。にもかかわらず食堂にいたのは、僕が担当していた製品の工程リーダーたちが一緒に食事をしようと誘ってくれていたからだった。いつの間にか僕はたくさんの中国人作業者に囲まれて過ごすようになっていた。僕が食べられそうなパンを買ってきてくれたり、日本人好みのジャージャー麺を用意してくれたり、僕は相変わらず筆談とジェスチャーと中国語風の日本語を駆使していたが、気づけばずいぶん仲よくなっていたのだ。

中国で現場入りした日から、諦めずにコミュニケーションをとり続け、何とかいいものづくりをしたいという気持ちと、現場の不良品を見ながら、なぜ発生したのか、どうすれば改善できるか、そのためには何をしたらいいのかを整理し、毎日伝え続けた。次第にその熱意は伝染し、彼らの間に意識の変化が表れてきた。まったく日本語が分からないリーダーでもない作業者が、こうすればどうだろうというアイデアを僕に伝えてくれるようにまでなったのだ。

僕は相変わらず日本に帰りたかったが、それ以上に、課せられたタスクにやりがいを感じていた。実際に現場に入り、こうして作業者の目線に立って考えることは何より重要で、これはデスクワークだけでは分からないことだ。「事件は会議室で起きてるんじゃない、現場で起きてるんだ」とは『踊る大捜査線』の青島刑事のセリフだが、ものづくりに関わる仕事にも同じことが言えると思う。

現場に潜む泥臭い情報を可能な限り吸い出すことで、解決策の糸口が見つかるのだ。

生産技術という仕事は多岐にわたるが、常にトライアル&エラーを繰り返し、柔軟で多角的な視点から物事を見ることが要求される。そういった点は自分の武術修行ととても似通った部分もあり、僕はこの仕事にやりがいを感じていたのである。結局、この時の出張で1ヵ月間中国に滞在し、無事に不良率低減のタスクをクリアし、その改善策をほかの製品にも横展開することができたのだった。

決意

2019年4月9日、ヒロ渡邉師父が還暦を迎えた。そのお祝いの会は3月31日、僕が幹事となって開いたのだが、会場やプレゼントの手配、参加者への案内など、ほぼすべて僕一人で行った。いや、僕一人で行いたかったのだ。

僕がこの道を志してから20年余り、常に僕の前を行き、導いてくれた恩師に、どうしても精一杯の感謝の気持ちを伝えたかった。サプライズで開催されたこの会を成功させるべく、僕は万全の準備を整えた。会場に選んだのは、高田馬場にある焼鳥屋さんで、そこを貸し切りにした。もっと高級なお店でとも考えたが、温かいぬくもりを感じるような空間で、家族で祝うようなひとときにしたいと思ったのだ。

いつも場所を選ぶ際に僕は、相手が誰で、その人とどんな時間をどのように過ごしたいか想像し、イメージに近いお店を探すことを心がけているが、この日は階段があることが望ましかった。還暦祝いをこの日にしたのは、ちょうどヒロ先生のジークンドーセミナーが開催されたからで、セミナー後は参加者と打ち上げに行くのが恒例となっていた。ただ、この日に限っては「先生、みんな用事があるようで、打ち上げは自分を含めた数名になります」と伝えていた。先生は「ああ、そうか」とだけ答えたが、少し寂しそうだった。サプライズとはいえ、キャリア50年の超武術家、ましてや自分の師匠を騙すことに、内心僕は緊張していた。果たして察知されないだろうか。

「こちらが今日の会場です」と、先生を焼鳥屋さんへご案内した。2階へ続く階段が目の前に現れる。階段を上るとすぐ左手にお店の入口があり、その扉の先にはすでに40人余りの参加者が、いまかいまかと、クラッカーを片手に先生の登場を待ち構えている。お店の選択の条件に階段を選んだ理由は、先生がお店に入ってからタイミングを合わせるための余白が欲しかったためだ。

貸し切りとは思っていなかったため、びっくりしている先生を先に通し、僕は後に続く。緊張の瞬間。先生が扉を開けると、「師父、お誕生日おめでとうございます!!」の声と同時にいくつもの乾いたクラッカーの音が鳴り響き、どこからともなく拍手が沸き起こる。「なんだよ、騙されたぁ！」と、先生が顔をほころばせた瞬間、僕は自然と涙がこぼれてしまった。こんなに嬉しそうな先生の顔は初めて見たからだ。

「師匠を騙すとは、なかなかやるじゃないか！」と、僕は先生に小突かれる。こうしてサプライズは大成功したのだが、先生は照れくさそうに「席つく前にちょっとトイレに行ってくる」と、そそくさとその場を離れてしまった。

やがて宴もたけなわとなり、最後の贈り物として僕が手紙を読んだ。ずいぶんとクラシックな手法だが、以前はよく先生と手紙のやり取りをしていたので、久しぶりに手紙で自分の言葉を贈りたくなったのだ。先生と過ごしたたくさんの思い出、これまでの感謝の気持ちと、これからの思いや自分の気持ちを精一杯綴った。自分の生徒も多くいるにもかかわらず、人目をはばからず僕は泣いた。途中から涙がポロポロ溢れて止まらなくなっていた。涙ならまだしも、鼻水まで垂らして泣いている僕の姿を見て先生は大笑いし、心から喜んでくれた。

そして、会がお開きになるとき、先生は我々生徒に向けて、こう言ったのだ。

「これからは若い世代にジークンドー界を引っ張っていってほしい。東吾が主体となってこれからそれを行うように。みんなもフォローしてあげてください」

たくさん笑ってたくさん泣いたこの日、２０１９年3月31日にこの言葉を受け、僕は世の中にジークンドーを広めていくための準備を始めることを決意した。

明日への狼煙

「さあ始まりました。ラジオのなかの会社、スカイロケットカンパニーの本部長、私マンボウやしろと申します」

道場に向かう最中の車のラジオから、僕の敬愛するマンボウやしろさんの心地よい声が聞こえてきた。僕はラジオが好きだ。中学の頃、親友のQからの影響と、僕の好きな女の子も聴いているとの情報でラジオを聴くようになっていった。初めて聴いたのは俳優の岸谷五朗さんの番組で、次第にラジオの魅力にはまっていき、広末涼子さんの『がんばらナイト』だって聴いていた。

ラジオは想像力を掻き立てる不思議な魅力が詰まっている。話している声を聴いていると、姿が見えないぶん情報が耳に集まり、まるで自分も一緒にそこにいるような、その世界に入り込んでいくような感覚になる。中学時代の僕は、眠たい目をこすりながら深夜にこっそり起きていることの罪悪感と、同じラジオを聴いている友達の存在や、思いを寄せる女の子とのつながりを感じ、特別な時間を楽しんでいた。

思えば僕は小学5年から6年の2年間、中学1年から2年の2年間と高校1年まで、計5年間にわたり放送委員会に所属していたのだった。初めの動機は、給食を放送室で食べることができるからという実に浅はかなものだったが、放送室独特の特別な空間と、自分の好きな音楽をかけることができる特権や、自分のアナウンスが全校に流れるという緊張感がやみつきになったのかもしれない。大勢の人前で話すことは緊張するが、校内放送は放送室という密室で行うので、自分から大勢の顔は見えないということから、緊張は少し緩和される。たまに放送中に何が面白いのか吹き出してしまい、笑いのドツボにはまると後戻りできなくなり、あとでこっぴどく先生に叱られることもあったが、僕はラジオ番組放送の疑似体験をしているかのように放送委員を楽しんでいた。

あれは中学2年の頃、その思いを寄せた女子が放送委員に入ってきた。僕の学校生活、とりわけ昼食の放送室はキラキラと輝いた。肝心の放送は、好きな子が見ているからスマートにいいところを見せなければという思いで緊張してしまい、ダメダメだった。放送委員は4人で構成されていて、男子は僕と幼馴染のサイ（後の建築士）、女子はその子とその友達。僕の1日は放送委員のためにあるといっても過言ではなかった。中学2年の恋なんてそんなものである。

4人で過ごす放送室の時間に慣れ、好きな子とも話せるようになった頃、お昼の放送後に給食のトレーを両手で持ちながら、3階の放送室から2階の教室まで移動していた時のこと。好きな子と肩を並べて話しながら2階につくと、僕の目の前に別のクラスの女子が立ちはだかった。何かと思った矢先、僕の頬をめがけて平手打ちが飛んできた。ピシャンと廊下にビンタの音がこだまする。あっけにとられていると、ビンタをした子は去ってしまった。その子は僕に好意を抱いてくれていたようで、毎日デレついていた僕に不満がたまり、その思いをぶつけたようだ。僕の隣にいる好きな子は「なんか、ごめんね」とドン引きした様子でその場を去り、取り残された僕は給食のトレーを持ったまま茫然と立ち尽くしていた。後ろではサイが爆笑していた。

この出来事があって以降、何となく気まずくなってしまい、結局僕の恋が実ることはなかったが、放送委員だった頃の淡くて苦い思い出として、いまも僕の胸に残されている。サイとは笑い話としていまでもたまに思い出し、二人で笑い合っている。そんなわけで、僕は放送委員だったことも含めてラジオをとても身近に感じており、大人になってもそれは変わらず、こうしていまでもラジオかRadikoを利用し、時間を見つけては聴いている。

『スカイロケットカンパニー』という番組は〝明日への狼煙《のろし》を上げるラジオのなかの

会社〟という設定で、パーソナリティーのマンボウやしろさんは本部長、浜崎美保《はまさきみほ》さんは秘書という役職名がついている。我々リスナーはその社員だ。やしろ本部長の話によると、何でも２０２０年1月23日のこの日は、天赦日《てんしゃび》と一粒万倍日《いちりゅうまんばいび》と、甲子《きのえね》の日が重なった、２０２０年で最もよい日ということらしかった。

僕はこれまで吉日などを意識して生活を送ることはなかったが、この日、やしろ本部長の「いま何かを始めようと迷っている方、踏み止まっている方がいるとしたら、今日という日をそのスタートにしていただけたらいいのではないかと思います」という言葉が、とてもすんなり自分の心に入ってきた。そこで、ＳＮＳとは無縁だった僕はすぐにＴｗｉｔｔｅｒアカウントを開設し、この日の稽古後に人生初のツイートを行った。きっかけはどこにあるか分からないし、どう広がっていくかも分からないが、自分のインスピレーションに素直に従い行動すれば、そこにはまだ見ぬ世界が広がっているかもしれない。

はじまりの続き

そもそもの事の発端は、弟子の平良さんが、ＹｏｕＴｕｂｅの『ヤッチくんチャンネル』で行っていた人気漫画『グラップラー刃牙』の技を再現する動画を視聴したことだった。

その動画は〝無寸勁《むすんけい》〟という、相手に拳を密着させた状態で衝撃を出す技ができるか検証するという企画内容だった。それを観た平良さんが、「本当の寸勁を体験してみてはいかがでしょうか」と、チャンネルの窓口へメールを送ったことが始まりである。もちろん事前に平良さんから相談は受け、僕はメールを送ることを了承した。

インストラクターとして、ジークンドーが持つ武術としての魅力を伝えることについては自信があったが、動画に出ることには若干の抵抗もあった。僕は人に見せるためではなく、自分自身が進化していくことを求めて修行を積んでいる、そういった思いが強かったからである。

一方で僕は、ヒロ先生からの言葉を受けて以来、世の中にジークンドーという武術をもっと広めるためには、どうしたらいいのかと常日頃考えていて、そのきっかけはこのYouTubeにあると感じていた。僕が現役で活躍するプロ格闘家のチャンネルに出演し、自分がどう評価されるかも、どうなるかも分からないが、一歩踏み出さなければ何も変えることはできないし、変えてみたいと思った。

偉大な師匠から学んだジークンドーの素晴らしさを伝えたい——。それはとてもシンプルでダイレクトな僕の思いだった。

たったいま、ワンインチパンチを打ち込まれた矢地選手は「うぉおおおぅほほ!!」と、身体をくの字に曲げ後ろに後ずさりした。カメラマンの神戸《かんべ》さんは「ほんとに!?」と叫んでいる。寸勁を初めて受けた人間はたいてい同じような反応になるが、お手本のようなリアクションである。

お笑い芸人であるデニスの植野行雄《うえのゆきお》さんも加わり、再度ワンインチパンチで95kgある行雄さんを吹き飛ばしたことでさらに現場は熱を帯び、気づけば番組4本分の撮影が終了していた。

初めてのYouTube撮影は勝手が分からず緊張していたが、改めて気づいたことがあった。やはり僕は自分が大好きなジークンドーの凄さを共感してもらえることに喜びを感じ、人に伝えることが好きなのだ。気づけば矢地選手に技を伝えることに熱中していて、いつの間にかカメラの存在を忘れて緊張はどこかに消えてしまっていた。

矢地選手のような現役で活躍しているトップファイターとYouTube撮影とはいえ交流できることは、とても貴重であり、自分の経験としてとても価値のあるものである。僕自身、何か吸収するつもりでこの場に臨んでいた。このチャンネル特有のことなのかもしれないが、動画撮影に関する打ち合わせや取り決めのようなものはほぼなく、とりあえずカメラを回してみようというようなスタイルだった。

僕は驚いたが、それに慌てることはなく、自分が求められていることと、動画に出せる技術とのバランスをその場で考え、場の空気を感じながら撮影されているなかで調整していった。これは、これまでの指導経験や自分の武術修行に対する意識が大変役に立った瞬間だと感じた。

ジークンドーでは、さまざまな状況に適応していくことを大事としている。それは戦闘だけに限らず、こうした場面でも変化に対し柔軟に対応していくことができねばならない。僕はこれも修行の一環と考え、改めて背筋を伸ばし撮影に集中した。

ワンインチパンチを放った一つ目の動画公開の夜、僕の身におかしな変化が起きた。ベッドに入り眠りにつこうと静かに目を閉じると、僕の耳というか頭というか、その両方にたくさんのザワザワした声のようなものが聞こえるのである。明らかにおかしい。僕はどうかしてしまったのかと不安になった。何をしてもその声なき声のような意味の分からない電波のようなものが離れず、寝ようとしてもうるさくて眠れないのだ。頭を振ったり、水を飲んだり、逆立ちをしたり、色々と試したが、よく分からないし考えるだけ無駄なので無視して寝ることにした。

結局、その耳なのか頭なのかに聞こえるザワザワは一晩中続いたが、僕はいつの間にか眠りにつき、気づけば朝になっていた。翌日、平良さんに話してみたが、すごく心配されたのでこの話は黙っておこうと思った。体調には何の変化もなく、いたって元気に仕事も稽古も行っていた。その晩も、またその次の晩あたりまで声なき声のような現象は続いたが、僕は途中から、もしかしたら動画の反響に対する世の中の声のようなものが、僕に届いているのかもしれないと感じるようになり、そう考えたら辻《つじ》褄《つま》が合うような気がしてきた。そしてこの変な現象が止んだ頃に自分がステップアップするのではないか、と都合よく暢気《のんき》に捉えることにした。

3日ほどでその声なき声は聞こえなくなったが、結局何だったのかは分からない。ただ初回投稿から瞬く間に再生回数は上昇し、わずかな期間であのワンインチパンチの動画の再生数は300万再生にも及び、残りの3つの動画もその勢いに続いたのだった。僕のクラスあてのメールは通知が止まらなくなるような状況になり、あの声なき声は、やはりそれだったのではないかと、僕はいまでも思っている。

あの日僕が水面に投げた小石は、少しずつその波紋を広げていったのかもしれない。

第四章

FLOW

上司と部下

『ヤッチくんチャンネル』出演を境に、僕を取り巻く景色は瞬く間に変化していった。道場への入門希望やYouTube出演のオファーなど、武道・武術・格闘技ファンに留まらず、あらゆる方面の方々からメッセージをいただき、スタートして間もない僕のTwitterアカウントのフォロワー数は一気に増加した。

いろいろと状況が急展開し、僕は自分だけ取り残されるような感覚に陥らぬよう、これまで以上に気を引き締めた。といっても僕自身のルーティーンは何も変わらない。東京、埼玉、群馬にある道場でのレギュラー稽古指導、毎週土曜日のヒロ先生からの指導、日々の自己鍛錬をいつも通りに行っていた。

また、木曜日は矢地選手へのジークンドー指導も入り、技術的なアドバイスのため、当時彼が所属していた団体のジム、馬込のYSAへ毎週通うことになった。そこでの稽古は、ジークンドーの基礎・基本となるフットワークの使用方法や、相手との攻防における有効なポジションのとり方、カウンターのタイミングなど、すべてジークンドーの原理・原則に基づき指導した。僕が伝えられるのはあくまでジークンドーとしてのテクニックであり、MMA（総合格闘技）の指導ができるわけでもなく、彼が持っているものをジークンドー的に表現するためには、どういったトレーニングをしていけばよいのかを考え、話し合って稽古に励んだ。

稽古後には、その日行ったメニューと、その稽古によってどのようなことが得られるのか、あるいは動きの改善ポイントなどを明記し、動画とともに矢地選手と共有した。新品のミットは彼の強力な打撃により気づけばクタクタになっていて、トレーナーとしてミットを受けていた僕の身体にもあちこちにダメージが残ったが、僕は存外楽しんだ。

僕にとっての変わらないルーティーンはもう一つ、月曜日から金曜日のサラリーマン生活という日常だ。当時はカメラ用交換レンズの技術グループから、医療機器の技術グループへ異動して4年目を迎え、これまでと変わらず慌ただしく過ごしていた。海外出張がなくなったのは僕にとって喜ばしいことであり、医療機器の生産という厳しい分野で要求される業務内容に奮闘していたのだった。

僕は、定時に仕事を切り上げて道場での指導に向かうため、いかに効率よく業務を遂行するかを常に意識していた。目的を果たすために効率化を考え、計画し行動することは、とてもジークンドー的であり、そのために何をすればよいのか深堀りしていくと、優先順位が見えてくる。

〝6秒以内に相手を倒す〟ことを信条としているジークンドーでは、より効率的かつ効果的に技を繰り出すことを重要視しているが、その心得は僕のなかにすっかりしみ込んでおり、仕事の進め方や取り組み方にもポジティブな影響を与えていた。僕はこの時、医療機器の生産に関わるドキュメントを作成するグループの管理者を務めていた。

ドキュメントと一口に言っても、その種類は多岐にわたる。既存の数百機種ある製品の文書管理を行いながら新製品のドキュメントを作成したり、組み立てに必要となる作業標準書を3Dアニメーションで作成したり、そのほかにも製造に必要な資料はすべて僕のグループが担当していた。既存製品の設計変更への対応から、新製品の立ち上げ、それらのドキュメント作成計画を立ててスケジュール通りにこなすことが僕の業務タスクだった。

1000種類以上あるドキュメントの管理にはシステムも使用していたが、それでも人間が担う作業は多々あった。10人余りの部下をどう采配し、ミスなく計画通りに遂行するか。グループ管理者として責任ある立場にいるというプレッシャーもあったが、同時にやりがいを感じていた。

部下を指導するのは上司の大切な役割である。僕はこれまでずっと上司には恵まれていて、とてもラッキーな社会人生活を送っていたと思う。だが、この医療機器部門に異動する際、社会人生活で初めて上司にたてついた。僕は当時の直属の上司だった部長や、仲間たちと仕事ができることにとてもやりがいと誇りを持っており、仕事に対して武術修行と同じくらい情熱的に向き合っていた。

ちょうどその頃、新たな業務を任されたこともあり、僕は何とか期待に応えたいと燃えていた。通勤時は、駅から徒歩で会社に向かう時間も惜しんで、業務に関わる参考書を読みながら歩いていたほどだ。そんななか、部長に呼び出され「翌月から異動」と言われた。

僕はサラリーマンで、会社からの指示には従うのが当然だ。そんなことは、これまでの社会人生活で分かりきっている。だが、これまで「部長の期待に応えたい、力になりたい」と必死にやってきたという思いもあり、ふつふつとある感情が沸き上がってくるのを抑えられなかった。なぜ僕なのか。役に立たなかったからなのか。自分の何がいけなかったのか……。僕は部長に立て続けに質問したが、「石井君の気持ちも分かるが、決まったことで、申しわけない」との答えに、僕は「分かりました。もういいです」とイスを立ち、捨て台詞を吐いて部屋を出た。

やってしまった。滅茶苦茶やってしまった。時間がたつほど後悔の念に襲われ、幼稚で短絡的な行動をとってしまったことを心から恥じた。

翌日、部長に謝罪を申し入れる前、別の上長からこう言われた。

「今回の異動、部長は石井君のことを引き留めようと抵抗していたんだよ。そのことは言わなかったけれど、部長は簡単に異動させたわけじゃないんだからね」

僕は部長に、自分がとった行動を心から謝罪した。部長は「前に話したことを覚えているか？　俺に歯向かうくらい真剣に仕事をしろって」と、僕に言った。

僕は忘れていた。部長は僕たち部下に対しても、自身に対しても厳しい方であり、とても優しいけれど、とても怖い方だった。いつも最後まで職場に残って仕事をしている姿や、色々な面で僕たちを陰ながら助けてくれていた姿を僕は思い出した。

「お前みたいな部下を異動させるのは本望じゃないけど、頑張るんだぞ」

泣きそうになる思いをこらえ、僕は深く深くお辞儀をした。

真剣に向き合っていたからこそ、衝突することもある。本音でぶつかり合って初めて分かることもある。感情に左右されてしまったことは、武術家としても未熟の極みであり、僕はとことん自分と向き合い反省した。部長の大きな度量は、僕に多くの学びを与えてくれたのだった。

異動の際、お世話になった方々に挨拶メールを送ると、部長から激励の返信をいただいた。メールの最後にはこんな言葉が添えられていた。

「捨て台詞で、俺はあんたの下で働いていたかったんだと怒って部屋を出ていった時は、正直嬉しかったぞ。やっぱり異動させたのは間違っていたかもな。これ、内緒な」

伝えること

「教則DVDを出しませんか？」

さまざまなYouTube動画への出演が続くなか、僕のもとへ新たなオファーが舞い込んだ。武道・武術系で知られる出版社の映像レーベルからのお声がけだった。果たして僕が出したところで、世間のニーズはあるのだろうか……と迷ったものの、それはとても光栄なお話だった。

これまで数多くの武術系DVDを購入し、その流儀が持つ特徴や表現方法を見て楽しんでいた僕は、完全に〝観る側〟の人間だった。まさか自分にオファーがくるなど思ってもみなかった。そのレーベルは、ありとあらゆる武道・武術の先生方のDVDをリリースしており、どの師範方もそれぞれ一流の技術を分かりやすく伝えていて、僕自身これまで何作品も観て勉強してきた。

ただ僕は、このオファーを受けるなら条件が必要になると考えた。いままで目に触れてきた教則ＤＶＤは、どれも長年培われてきたフォーマットに則った、よくも悪くも生真面目なつくりで、折り目正しく〝センセイ然〟としたお堅いスタイルだった。これに自分が登場するイメージが正直沸かなかった。僕はそういったこれまでの〝武術ＤＶＤ〟の形にとらわれず、自らの感性に従いたいと思った。自分が表現したい方法に忠実でありたかった。

「映像もジャケットデザインも、すべて自分の思うように作らせてもらえませんか？」

これまで著作物の制作実績もなければ、レーベルとの付き合いもない、ほんの一月前まではまったく無名だった新人の申し出に、担当者は明らかに困惑顔だった。至極当然である。ただ僕は純粋に武術を学びたい人向けにはもちろん、ジークンドーを実践しない人たちにも興味を持ってもらえるような作品を目指したかった。シンプルに言うと、映像として観るだけでもエキサイティングな気持ちが湧き上がるものを世に届けたかったのだ。

たび重なるディスカッションのすえ、レーベル側にとっては異例で前代未聞のケースながら、僕の意思を尊重いただき、「すべて石井先生側で制作して納品してもらえるなら」という形でDVDプロジェクトはスタートした。

弟子たちの協力に加えて、撮影・映像編集・ジャケットデザインなどのアートワークは、各分野において第一線で活躍するプロフェッショナル陣に依頼した。オープニングを飾る鮮烈なイントロダクションから随所に流れるイカした音楽は、プロ・ベーシストである僕の弟子の柳原旭《やなぎはらあきら》が作曲・アレンジ・演奏・レコーディングを担当してくれた、オリジナルのサウンドトラックだ。それぞれのシーンに合わせて「無機質でCOOLな感じ」とか、「テイストの温かいSoulな感じ」だとか、僕は音楽の素人ながら自分のイメージを図々しくも伝えさせてもらった。

そして関わってくれた誰もが、ジークンドーを通して僕が伝えたいスタイルやイメージに共鳴し、最大限の協力とともに最高の仕事ぶりを見せてくれた。

リリース情報の解禁日を迎えると、ありがたいことに各所から大きな反響をいただくとともに、発売前にもかかわらず「Amazon DVD スポーツカテゴリ・ランキング1位独走、総合カテゴリ上位急上昇」と、制作チームから報告を受けた。総合カテゴリ・ランキングとは、あらゆるDVDの人気ランキングである。そのなかのトップ5に僕のDVDが食い込んでいた。そのランキングの前後には、僕の母親でも知っているような大物アーティストの作品が名を連ねている。

周囲がこぞって喜んでいる一方で、僕は別の事柄に気が気ではなく、真っ青になっていた。なぜなら、この時点でまだ最終編集作業に追われ、僕の立てたスケジュールは押していたため、納期に間に合うのかどうか、まだゴールが見えていなかったのだ。

夜明け前、あと数時間で出勤時間となるのに最後の編集チェックが終えられず、カーテンの隙間から差し込むぼんやりと薄明るい光に気持ちが焦る。意気揚々と制作を開始した時点では、やるべきことの膨大さや、完成までの果てしない道のりを、僕は知る由もなかった。コンセプト・構成・技術解説の原稿・演出・実演・編集ディレクション、そして制作に関わるありとあらゆるすべてのジャッジメントが自分の役割だった。制作期間中はこれだけに専念したいところだが、稽古指導や数々のYouTube出演、ウィークデーは会社員としてのフルタイム勤務と並行しながらの日々――。気が遠くなる作業の連続だったが、普段会社で行っているようにロードマップを作成し、進捗管理を行いながら粛々と進めていった。

時間は誰もが平等に持っているという。例えばサラリーマンとしての8時間は会社に捧げる時間だが、それを自分に捧げる時間でもあると捉えて過ごすと、時間の濃度はまったく変わってくる。平等に与えられているとされる時間を、どのような意識で過ごすかが、あらゆる差を生むことになるのではないだろうか。この作品づくりのなかで、僕は「自分が伝えたいことを、自分の感性に従い表現する」ことにこだわり抜いたのだった。とにかく「型にはまった作品にはしたくない」という思いだけがモチベーションになっていた。

何とか最終チェックを終え、確認結果と少しの要望メールを送り終えた頃には、すっかり朝を迎えていた。洗面台の前でシャカシャカと歯を磨きながら、時間の使い方の工夫を考えようと、お腹をすかせた頭で僕は思った。キッチンからは美味しそうな朝ごはんのにおいがしている。

心血を注いだ作品は、こうして無事に世へ放たれた。

『ヤッチくんチャンネル』への出演以降、那須川天心《なすかわてんしん》選手・朝倉海《あさくらかい》選手・朝倉未来《あさくらみくる》選手をはじめとする名だたるトップファイターや、中国武術の宮平保《みやひらたもつ》先生など一流の師範の方々との出会いは、僕に多くの刺激を与えてくれた。

世の中は新型コロナウイルスにより社会全体が大きな影響を受けていたが、武術・武道界や格闘技界も同じように、ＳＴＡＹ　ＨＯＭＥによって道場やジムで稽古を行うことに困難を強いられていた。そんななか、ＹｏｕＴｕｂｅなどの動画配信に注目が集まったのは自然な流れだったのかもしれない。

　昔なら〝秘蔵映像〟とされていたような武術の動画や、達人の先生の動画、これまで映像として観ることのできなかった海外の謎めいた拳法など、いまやいつでもネットで閲覧することができるようになり、時代の流れとコロナ禍の影響とともに、武術・武道・格闘技の世界においても情報の発信方法が大きく変化した。

　おじさんくさい言い方はしたくないが、自分が学んでいる武術以外の流儀を研究する場合、昔は書籍や雑誌といった紙媒体から文章と写真を通じて情報を得ることが主流だった。この場合、写真やイラストからその実技を想像するしかなく、静止画からではその技の流動性やエネルギーの流れを読みとることは大変難しい。ただ一方で、たった1枚の写真からこそ得られる情報もある。重心や正中軸の位置、手や足など細かい身体の向きや角度、目のつけ方、相手の崩れ方、衣服のシワなどなど。それらがパッと見えるようになり、そこから瞬時に情報を得られるようになることもまた武術修行である。これは師匠であるヒロ先生からよく言われていたことだ。長年続けてきたいまでは、先生の言葉の意味が分かってくる。

　昔もビデオやDVDで映像を観ることはできたが、それらは有料で販売されていたため気軽に観るという感覚ではなく、研究用や補助的な教材として、いわゆる〝ガチ〟で情報を得るために視聴する感覚だった。そして現在、YouTubeは誰でも気軽に無料で観ることのできるコンテンツとしてテレビに匹敵するほどの一大メディアとなり、武術・武道・格闘技の分野においてもさまざまな動画が公開されている。

僕が学び、これまで懸命に身につけたジークンドーが持つ特徴、例えばその科学的な構造やそれを活かすための原理・原則、効率的な力の使い方や巧みなフットワークの秘密は多くのトップファイターからの関心を集めた。そして僕は全力でその呼びかけに応え続けた。

断っておくが、こういった活動を行うのは、自分が有名になりたいからではない。ブルース・リーという強力な個性から生み出されるイメージはどうしても映画から生み出される要素が多く、一般的には派手な動きやヌンチャクを使うことなどを想像されてしまうことが多い。だが僕は、そうしたパブリックイメージではなく、武術としてのジークンドーの魅力、ひいてはブルース・リー始祖が本当に求めていた実戦性を伝えたいのだ。

かくして約1年間、僕はあらゆるトップファイターからのYouTube出演オファーを受け入れ、シナリオのない撮影を〝修行〟と見立てて楽しみながら挑んだ。朝倉未来選手、朝倉海選手との〝金的あり〟のスパーリングなど、どの武術家も経験していないことにも積極的に挑戦した。

　コロナ禍でやりたいことが制限されてしまっている状況下でも、動画を使ったクリエイティブな方法で世の中の人々と繋がり、武術の楽しさを伝えることができる──。僕はそういった点にYouTubeに出演することの価値を見出していた。社会情勢の変化にともない、情報を提供するアプローチの方法も考えていかなければ、次の世代にバトンを繋げることはできなくなってしまう。

　かつてブルース・リー始祖は「ジークンドーとは適合することだ」と述べていた。さまざまに変化する状況に対して〝水のように〟柔軟に順応し、適合していくこと。それは戦いだけに向けた心得ではなく、人生のなかで応用することにこそ武術修行としての意味があるのだ。

アクション

　まるで映画で使われるような重厚感のある撮影機材に囲まれている。僕の位置から離れた先には、数十人のスタッフがそれぞれの持ち場で監督の合図を待っている。あてがわれた衣装はずいぶん身体に馴染んでいた。

サラリーマン時代

映画撮影時のオフショット

「はい本番！　よーい、アクション!!」

僕は映画の撮影現場にいた。先ほど〝まるで映画で使われるような〟という表現をしたのは、その時本当にそう感じたからだ。現実感のない風景は、どこまでも僕を冷静にさせた。

ＹｏｕＴｕｂｅをきっかけに、僕にさらなる大きな転機が訪れたのは、アクション俳優・坂口《さかぐち》拓《たく》さんとの出会いからだ。彼のＹｏｕＴｕｂｅチャンネルへの出演から交流が始まり、コラボを重ねるうちに「拓さん主演の映画（※）に出てみないか？」と、プロデューサーの太田《おおた》誉志《たかゆき》さんから熱烈なラブコールを受けるようになった。（※山口雄大監督、２０２３年公開予定の『1%er』）

俳優として役を演じるなど夢にも思わなかったことで、冗談半分かと受け流していたのだが、どうやら本気らしい。断り続けていた僕の態度に業を煮やしたのか、太田さんは道場に押しかけてきて、ＹｏｕＴｕｂｅ撮影の企画内でオファーをしてきたのだ。断わる権利はないらしい。気づけば具体的な話に進み、ついには企画書やプロットが上がり、いよいよ逃れられそうになくなった僕は決断を迫られた。

中野新橋にある居酒屋で拓さん、太田さんから改めて映画への出演依頼の話をいただいた。日付が変わっても二人の映画への思いは止むことがなく、とにかくこの作品にどうしても僕が必要だと力説された。帰りのタクシーのなか、流れる景色を見ながら、これから始まるであろう色々なことが頭をめぐった。橋から見渡せるたくさんのビルからは、深夜にもかかわらずチラホラと灯りがともっていて、「まだ起きて仕事をしているのだろうか」などと感心しつつ、少し酔いの残った頭で片付けなければならない仕事の数々を思い出していた。

映画撮影は拘束期間が長く、撮影前のアクション設計や事前リハーサルなど、さまざまな準備期間があること。そして撮影の地方ロケは1ヵ月以上に及ぶこと。どれも初めて知ることで、色々と説明を受けながら僕はわくわくしていた。繰り返しになるが、僕はレギュラー稽古指導に加え、会社員としてそれなりに責任のある立場でもあった。世に出て以来、武術家とサラリーマンの〝二足の草鞋〟をどうにかバランスをとってきて、ハードな毎日ながら自分らしくもある生き方をしてきたつもりだった。

あの中野新橋の夜の翌日、僕は会社に辞表を提出していた。これまで十数年勤めてきた会社をずいぶんあっさりと辞めてしまったように聞こえるかもしれないが、僕のなかでは色々な出来事が重なった結果の自然な流れだと納得している。別に映画に出るために会社を辞めたわけではないが、それも大きな要因であることは確かだった。

というのも、この頃の僕は会社の有休のほとんどをYouTube撮影にあてていたため、これ以上、会社員との両立は難しいと感じていたからだ。

そういった状況からも、映画という仕事に挑戦する上で会社に迷惑はかけたくなかったし、映画に関係する人たち、表現する人たちにとっても失礼にあたると僕は思った。極端な考え方かもしれないが、素人の僕が映画に出演するということの覚悟を、自分のなかで決めたかったのかもしれない。たった1回の出演でも、それだけの価値があると僕は思っていた。

上司は僕の決断にとても驚き、引き留められもしたが、覚悟が伝わると背中を押してくれた。

この頃、僕が武術を学んでいることは会社に知れ渡ってしまっていた。格闘技好きなら誰もが知るようなファイターのYouTube番組に出まくっていたのだから、仕方がない。僕は直属の上司や親しい仲間には武術を学び、教えていることを話していたが、あくまで会社では仕事モードの〝サラリーマン東吾〟だったので、べつだん隠していたわけではないが、自分から話す必要もなかったという感覚だ。

ある日、別の部署の部長から呼び出されたことがあった。

「間違ってたらごめんね。多分なんだけどさ、石井君がさ、僕のYouTubeのオススメに何度も出てくるんだよ」

また、インターンシップ研修の講師として、数人の大学院生にレクチャーするため会議室に入り挨拶した際、すでに着席している数人が「え!?」と驚き、「ジークンドーの東吾先生ですよね!?」と言われた時は、その後の講習がやりにくくて仕方がなかった。もっとも、僕を知ってくれていた数人の彼らは目を輝かせながら受講していたので、おそらく会社的には結果オーライであったはずだ。

さらに別の日、入社した新卒の男の子が、別件を終えて会議に途中参加した僕がプレゼンを始めると、何やらオタオタし出した。隣の部長に「ちゃんと議事録とってるか?」と注意を受け、「いや、あの…あの…え? あれ? すみません、会議中なんですけど、あの、すみません、東吾先生ですよね? 僕、動画全部見てます!! いや、何でこんなところでプレゼンしてるんですか?! え、僕ちょっと、すいません僕今日、議事録無理かもしれません!」という受け答えをし、会議室に笑いが起きたこともあった。

休憩時間に会うと僕によくヘッドロックをかけたり、ちょっかいを出してくる、体格がよくて口が悪く、でも心優しい、スキンシップの多い仲良しの先輩は、僕を見るなりドタドタと駆け寄ってきた。

「おい石井! お前、動画見たぞ! お前、ヤベェ奴なんじゃねーかよ! 格闘技やってんだったら言えよぉ、オレ殺されるところだったじゃねぇかよぉ、何隠してんだよぉ！　あぶねぇ奴だなコイツー」

と、なぜか「ヤベェ奴で、あぶねぇ奴」呼ばわりされるなど、事あるごとにこのような身バレが起こっていた。上司も同僚も、そして僕が担当するグループの部下も、活動を陰ながら応援してくれている環境に、僕は身を縮める思いで心から感謝をし、これまで以上に仕事に身を入れて過ごした。

そして辞表を提出してから数ヵ月後、引き継ぎを終えた僕は会社員生活を卒業した。長く勤めた会社、サラリーマン生活が終わることに不安がなかったかと言えば嘘になるが、希望のほうが大きかった。

映画撮影

「カット!!」

気づけば手持ちの小型扇風機が頬の横あたりにかざされ、涼しい風が送られている。額にかいた汗はヘアメイクさんによってテキパキと抑えられ、着ていたジャケットはスタイリストさんによってすでに脱がされていた。僕はとても贅沢な対応に感じて、いつまでもそれに慣れることはなかった。

撮影は夏真っ盛りの7月。演者も、監督も、どのスタッフも、さまざまなジャンルのクリエイターが、一つの作品を生み出すために当たり前だが本気でぶつかり合っていた。〝ものづくり〟の仕事現場は、どの職種も共通してエネルギッシュである。

僕は常々、武術の稽古で突きや蹴りなどを行う際、いつでも本当に倒すという気迫を込めて全力で放つよう心がけている。これはとても大切なことだ。「その時が来たらやればいい」という意識ではなく、いつでも全力でヤル意識でないと、有事の際に動くことはとても不可能だろう。それは何においても当てはまることだと僕は思う。

そうして放たれた拳足には意念が宿り、言葉にするのは難しいが、見えない動きのなかにそれは表現される。武術的には、動作は相手に察知されないよう隠して行うべきだが、映像のためのアクションにおいては、また違う表現をすべきだと僕は僕なりに考える。倒すという気迫は、ただ思うだけではダメで、そこに意念を宿すためには永く、地道な修行と経験が必要になる。それは演技ではどうにもまかなえない領域であり、この映画で自分に求められているのは、そういった部分を表現することなのだと感じていた。

小型扇風機を自分で手にし、先ほどまで僕を涼ませてくれていたアシスタントの小柄な女性に風を返した。やがて、「ちょっともう一度、いまのアクションシーンをお願いします」と監督の声がかかる。

思い返せば、子供時代の僕は映画好きの少年だった。広くいろいろな映画作品を知っていたわけではないが、家にあったビデオはセリフとアクションが覚えられるくらい何度も繰り返し鑑賞したものだ。こうして目の前に広がる映画用の重厚感ある撮影機材を見て、不思議な感覚に陥った。そんな自分が数十年間、好きなことをがむしゃらに、一途に続けたその延長上にはさまざまな素敵な出会いが待っていることを、あの頃の自分に伝えたいと思った。

大切なことは、自分がいまいる環境で一生懸命に生き、心を尽くすことだ。僕は眩しいライトの下に、少し小走りで足を運んだ。

おじさんたちの夜

2020年の5月からスタートしたYouTubeチャンネル、その名も『ワンインチチャンネル』は、スタートから1ヵ月を経ずして登録者10万人を達成した。ありがたくも驚異的な反響であった。

当初、自分のYouTubeチャンネルを持つことはまったく頭になかったが、さまざまなチャンネルへのゲスト出演を重ねていくなかで、自分自身の経験や色々なご縁が広がっていくことが自分の成長に繋がる可能性を感じるようになり、心に変化が生まれていった。

とはいえ、具体的なことは考えていなかったのだが、そんな矢先に声をかけてくれたのが『ヤッチくんチャンネル』の撮影・編集を担当している神戸勇輝《ゆうき》さん（カンべちゃん）と、お笑い芸人であるデニスの植野行雄さんである。

「もし先生がYouTubeやるなら、僕たちに協力させてください。というか、一緒にやるなら僕たちしかいないと思います」とカンべちゃんに言われたが、それは僕自身も思っていたことだった。

一緒にやるなら彼らと――。『ヤッチくんチャンネル』に関わる人たちとの出会いは、僕自身の運命を変えるきっかけだったし、何より僕は彼らが人間として好きだった。それは感覚的なものでもあり、彼らのチャンネル内で生み出した番組を通じ、信頼関係が築けていたことも大きな理由の一つだった。

そこからは話も早く、矢地くんのチャンネルとの差別化を図るため、僕は僕のやっているジークンドー、つまり〝武術〟に重きをおいたコンテンツにしていくことで方向性が決まった。

「チャンネルの呼び名を考えなアカン」

行雄さんとカンベちゃんによって、決起集会が渋谷の居酒屋で開かれた。

「それでは、本日は石井先生のチャンネル名を考えていきたいと思います」と、コーラ片手に切り出す弟子の平良さんは、どこまでも真面目である。

「やっぱり石井東吾やから、石井東吾チャンネルちゃう？」

こういう時はボケずに真面目に考えてくれる行雄さん。

「ジークンドーチャンネルだと、ジークンドーしかせえへんチャンネルみたいになるしなぁ」

「武術チャンネルやからなぁ。何やろう、チョケた名前つけるわけにもいかんしなぁ。むずいなぁ」

「チョケた名前って、例えばなんですか？」と僕。

「え？　誰がそんなん言った？」と、大喜利に発展しそうな気配を察知してトボケだす行雄さん。ここで、先ほどから僕らのやり取りを呑みながら楽しんでいる男に僕は尋ねた。

「カンベちゃん、チャンネル名！　何かいいアイデアない？」

矢地くんとはじまりの場所

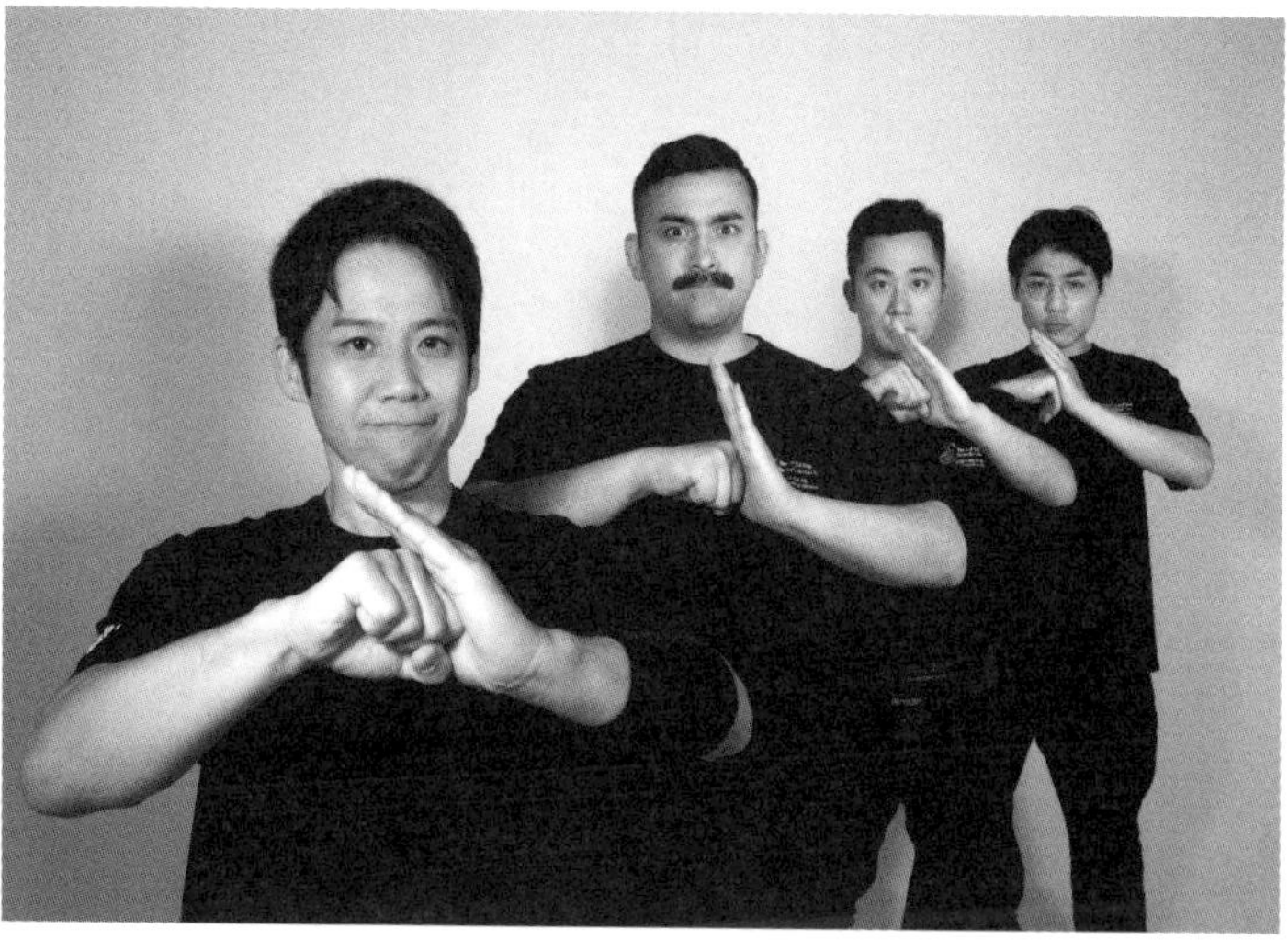

ワンインチチャンネルのメンバー。手前から僕、行雄さん、平良さん、カンベちゃん

「普通にワンインチでいいんじゃないですかね。先生が有名になったのも矢地のチャンネルでやったワンインチパンチがきっかけだったし。ワンインチチャンネル、普通スかね？」

「それだ!!」と僕。

「それや!!」と行雄さん。

この瞬間『ワンインチチャンネル』が、渋谷のせまい居酒屋で誕生した。後日、僕からの後付けだが、「さまざまなことにワンインチでも前に進めるように成長していこう」という意味も含ませた。僕はこのネーミングがとても好きになった。

それから、まるで男子高校生がバンドを結成した日の夜のように、僕たちおじさんは熱く夢を語り合った。ほろ酔いしながら肩を組んで歩く僕たちの姿は、完全にバンドでメジャーデビューを目指す男子高校生そのものだった。それがおかしく、僕は腹をかかえて笑った。

喧噪な渋谷の街はまるで別の世界のようにさえ感じ、それはとても純度の高い夜だった。

できること

18歳で武術の道を歩み始めてから、僕は人生のウエイトのほとんどを武術修行に置いてきた。いまはインストラクターとして指導を行う傍ら、いろいろなメディアでさまざまな表現にチャレンジする機会をいただいている。一見ジークンドーと掛け離れた〝パフォーマンス〟と捉えられるシチュエーションもあるが、自分のなかではすべてが武術修行を基礎とした活動であり、武術家としての自分自身の成長にフィードバックする考えのもとで活動している。

こうした活動により、ジークンドーを学びたいという声はこれまでよりも格段に増えた。とてもありがたいことに、たくさんの方々から連絡をいただいているが、まだ道場のない地方に在住する方からの声も多く、またクラスのキャパシティにも限界があり、僕は受け皿をどうすればよいか悩んでいた。

オンラインサロンの開設は、そういった学びたい方々のニーズに応える、ジークンドーを学びたいという方への受け皿として、この上ないコミュニティサービスだった。

武術の稽古をオンラインで行う——。このことは僕自身とても抵抗があったが、できない理由よりもできる方法を探し、挑戦することにした。オンラインのメリットは、稽古動画を何度も反復していつでもどこでも観られるところである。不明な点があれば、直接その質問に答えられるようにもした。対面稽古ではないというデメリットは、定期的に実際に会って指導する稽古会を開催することで、少しでも解消したい。こうして前に進むことで見えてくる課題や希望があり、それに向き合いながら考え、行動していく。そういった心構えが大切であると僕は思う。

ジークンドー

武道の礼儀作法が〝礼に始まり、礼に終わる〟とされているように、ジークンドーで重要視されているのは〝構えに始まり、構えに収まる〟ことである。それが基本スタンスであるオンガードポジションだ。

ジークンドーのオンガードポジションは、〝陰陽の理論〟に基づいた、攻撃と防御が融合した中立的な構えをとる。それはとてもシンプルかつコンパクトであり、常にいつでもどの方向へも瞬時に動くことができる、非常に機動力に富んだスタンスだ。

「よいフォームとは、動きとエネルギーの無駄を最小限に抑えて目的を成し遂げる、最も効率的なやり方のことだ。常によいフォームで訓練せよ」と、ブルース・リー始祖は述べている。では、よいフォームで行うために必要不可欠なことは何だろうか？それは〝構え〟である。

ジークンドーの構えは〝レディポジション〟とも呼ばれる。エネルギーが蓄えられて、いつでも爆発的な動きを繰り出せる準備が整った状態なのだ。この精密な構えの構造が崩れていれば、自ずとそこから発する技は崩れることになり、スピードもパワーも失うこととなる。ジークンドーでは、最短最速でターゲットに拳足をヒットさせることを目的としているため、構えに高い精度が要求されるのだ。

大切なのは、構えが攻撃的、もしくは防御的な形態やマインドに偏ることなく、陰陽の調和のとれたニュートラルな状態でなければならないということだ。肉体的には、脱力して正しい形にセットアップされた状態であること。精神面では、何にも囚われず、深い静寂のなかに心が置かれた無為自然な状態でありながら闘志を内に秘め、しかしそれをいつでも解放できるような状態。つまり、陰陽の調和を肉体と精神で表現し、それを構えのなかで表現すること。このような意識で、僕はオンガードポジションをジークンドーの最も重要な身体的要素の一つと捉えている。

構えには〝隙のなさ〟と〝威〟が備わっていなければならない。道場の稽古だけでなく、日常いかなる時も、どんな事態にも即対応できる態勢を整えておくこと。それが武術家としての〝たしなみ〟であることを、僕はこれまで師匠の背中を見て感じてきた。幸いにも、僕はヒロ先生と一緒に過ごすチャンスに恵まれ、これまで20年以上師事しているが、座る、立つ、歩く、食事など、日常行動のなかで先生の態勢の崩れを見たことも、感じたこともない。思えば入門当時、先生の凛とした姿勢に憧れ、先生の立ち方、歩き方を真似ていたものだ。

実際に2005年、先生にお供してアメリカ修行に行った時のこと――。ショッピングモールの駐車場を歩いていると、非常に近い場所で銃声がした。と思った矢先、僕は壁に背中を打ちつけていた。銃声がした瞬間に先生が僕を壁に叩きつけ、身を隠してくれたのだ。何が起こったのか分からずにいる僕。先生はというと、すでに自身も身を潜めて耳を澄まし、周りの状況をうかがっていた。近くにいた大きな警備員は狼狽えているばかりだったが、ヒロ先生のいたって普段と変わらぬご様子に、僕は落ち着くことができた。

ふと、そんなエピソードを思い出したが、〝構え〟とは、戦いの際だけではなく日常においても絶えず準備ができている状態のことであり、それが隙をつくらない生き方や、仕事の心得にも繋がるのではないかと思う。瑣末《さまつ》な日常行動の一つにまで気を配ることで、稽古と日常の垣根をなくすのだ。それこそが、僕の目指す〝構え〟の姿なのである。

ジークンドーの〝命〟とも呼べるフットワークは、攻撃・防御・打撃力・間合い・タイミング・戦術など、戦いにおけるさまざまな要素と相互関係にある。そして、これらはすべてフットワークから成り立っているといっても過言ではない。かつてブルース・リー始祖も「一にフットワーク。二にフットワーク。三、四がなくて五にフットワークを練習せよ」という言葉を残しているが、それほどジークンドーでは〝フットワーク〟をメインテーマのように重視しているのだ。

なかでも間合いの調整は、戦いのなかで自分が主導権を握るためにとても重要な要素となる。ジークンドーに限らず、あらゆる武術において正確に距離を調整することは、重要な修得条件である。自分と相手との相互関係から生じる変化に対して〝コダマや影〟のごとく反応し、変化をもって対応できなければならない。

適切な空間の制御、攻防のタイミングの制御、バランスの制御（調和性）、最大限に効果的な攻防技術、動作の効率化、戦術の効果の最大化などは、正確な距離を調整することができて初めて可能となるものである。それらはいずれも精密なフットワークによって行われるのだ。

僕の自主稽古のほとんどは、このフットワークの習得にあてられている。床にラインを引き、前後にステップを踏む動きは何年も繰り返し稽古した。毎日公園で早朝と夜に繰り返し行ったフットワークによって、地面にくぼみができてしまうほどだった。

一見退屈に見える単純な前後のステップの練習も、自分の身体と会話するような気持ちで楽しんだ。没頭しながらも考えることはたくさんある。動きの最中、ステップの幅は一定に保たれているか、前足はカカトから着地しているか、足首や脛《すね》・膝に力が入りすぎていないか、頭と肩の位置が上下していないか、オンガードポジションのスタンス幅が変化していないか、セルフチェックを繰り返す。

初めは足元を見ながらでないと崩れてしまっていたフォームも、やがて床を見ずに前を向いても崩れないようになり、いつしか自由にフットワークを踏んでも少しのズレもなくなっていった。あれほどぎこちなかった動きが、あたかも自分の身体の一部に取り込まれているような感覚。日常生活で歩いたり食事をしたりする動作を自然に行えるように、何の負担も違和感もなく、自分のなかに自然な形で収まるのだ。

僕は人よりも不器用だったし、時間がかかったかもしれないが、たとえ素質がなかったとしても、それは関係ない。そんなことで諦めてはいけないし、諦める理由にはならない。なぜなら、繰り返し練習することは誰にでもできるのだから。

諦めず繰り返し練習すれば、たとえその歩みが〝亀のスピード〟でも、やがては自分の能力を向上させることに繋がる。ただし、正しいやり方を知ることが重要だ。何のためにそれが行われるのか、なぜそうするのか、その根拠を明確に理解すること。また間違った動きというものを把握し、それがどのような悪影響を与えるのか理解することも重要だ。何をしてはいけないのか、何をしなければならないのか。それらが明確になっていれば、一人稽古でも自分で修正をかけながら歩むことができる。

たとえシンプルな前後の動きであっても、そのフットワークのなかにはジークンドー独自のさまざまな理合いが存在する。だから些細なズレを気に留めず稽古を続けていくと、いつの間にかそのズレが自分の癖となって残ってしまい、後戻りにとても時間が掛かってしまうこともある。道場稽古では先生から指導を受け、間違ったフォームを修正することができるが、自主稽古では自分自身が自分の先生にならなければならないため、フォームの原理・原則を理解することが重要なのだ。

そうして何度も反復し、フォームの修正を繰り返し行い、神経系と筋肉に覚え込ませる。長い年月をかけてつくられたフォームは、どんな状態からでも瞬時にその形をとることが自然とできるようになるのだ。

ブルース・リー始祖やテッド先生、ヒロ先生が〝mm単位〟という度が過ぎたようなフォームの確認や技のディテールになぜ気を配り続けたのか――。「神は細部に宿る」という格言があるが、研ぎ澄まされたフットワークは、一切の妥協を許さず細部にまで意識を配りながら行われた、長年にわたる反復練習によって得られた賜物である。「優れたフットワークは、どのようなパンチやキックも打ち負かす」という言葉を始祖が残している通り、フットワークがもたらす効果は、運足によるポジション移動や間合いの調整はもちろん、瞬間的な脚力が生み出す力を利用して体重移動を上半身に伝達し、パンチを重くすることもできる。

パンチがターゲットを射抜いた点から動きを逆再生していくと、拳→肘→肩→肩甲骨→背骨→骨盤と下がっていき、最終的にパンチのパワーの起源は、足で地面を蹴った反作用で生まれたエネルギーであることが分かる。すべては足使いに秘密がある。フットワークはすべてのベースであり、究極なのだ。そして武術的な使い方だけでなく、それは日常生活にも役立てられると考える。常に動き続ける機動性は、自分の行動力に置き換えることで、目標の実現力に繋がる。適切な間合いの感覚は、人間関係における心地よい距離の取り方に活かせるだろう。

稽古はどれも地味であり、時間を必要とする。時には何週間も何ヵ月も成果の出ない稽古が続いてしまう時もある。やるかやらないか、できるようになるかどうか、常に自分の熱意が試されているのだ。

「実戦は6秒以内に終わらさなければならない」

かつて始祖は実戦についてこのように考え、その思想はジークンドーの技術体系に非常に大きな影響を与えている。事実、ブルース・リーに持つ印象として大きいのは、その圧倒的なスピードではないだろうか。それゆえジークンドーという武術も、スピードに特化した武術であるという印象を持たれていると、僕自身感じることが多い。

おそらく一般的にイメージされている〝格闘におけるスピード〟とは、パンチやキックのモーションが速いこと、フットワークの速度が速いことだが、それらは簡単に言えば〝目に見える〟外側の速さだ。

武術に必要なスピードとは、〝目に見える〟動作が速いかどうかよりも、相手に速く感じさせたり、遅く感じさせたり、相手の反応や間合いに合わせて調整して使用されるべきであり、とてつもないスピードのパンチやキックを持っていたとしても、タイミングや距離が合わなければ相手に当てることはできない。

「スピードとタイミングは、お互いを補完するもので、ストロークを送り出すスピードは、そのストロークのタイミングが適切でないと大部分、効力を失ってしまう」と、始祖も述べている通り、自分勝手に動いても相手との調和ができなければ、せっかくの速いスピードも活かせないのだ。ここがまた、武術の面白いところだと僕は思う。

テッド・ウォン先生がブルース・リー始祖とのスパーリングを行った際の「パンチが来るのが見えなかった」というエピソードを知った時、僕は映像のイメージから、拳足のモーションがとてつもなく速かったのかと思っていた。だが、ジークンドーを深く学んでいくと、拳足がただ速かっただけではないということが分かってきた。

実際、テッド先生の動きはどうだったかというと、驚くほど速いというわけではなかった。幸運にも僕は幾度となくテッド先生のパンチを受け、先生との何度かのスパーリングの機会も得たが、それは客観的に見て認識できる高速度の動きではなく、無駄がなく気配のない所作から生まれる高速性だった。これは対峙してみて初めて分かるものであり、とても驚いた。これまで自分がイメージしていた〝速さ〟の概念が変わった瞬間でもあった。

限りなく洗練された打撃は、予備動作が一切なく、打つ意思も宿っていない。加えて〝オンガードポジション〟と呼ばれる構えからダイレクトにターゲットに到達するジークンドーの攻撃方法は、ステージの違う高速性を有していた。これが熟練した

〝速さ〟なのである。

自分の意を完全に消したパンチは、スピード自体は遅く見えたとしても、相手にとってはかわすことができないパンチとなる。肉体的な動作が生む高速度の動きも重要だが、熟練していくと、さらなる境地というものが存在するのだ。それはいわば量子的な意識の世界であり、自我（エゴ）から解放された状態で放たれる、とても高度な打撃である。

僕自身が特に大切にしていることは、構えとフォームだ。ジークンドーの〝オンガードポジション〟という構えは、最短最速で相手に打撃が届くよう設計されている。

「優れたフォームとは、動きとエネルギーの無駄を最小限にとどめながら、パフォーマンスの目的を達成する、もっとも効率のいいやり方のことだ」（『ジークンドーへの道』キネマ旬報社、1997年）

このブルース・リー始祖の言葉通り、正しい構えが機能することで、パンチやキックを運ぶ軌道を無駄なくとることができるのである。

打撃の精度、スピード、破壊力、それらが上手く働かなくなった際は、構えを見直しチェックしてみることが重要で、僕自身これまで何度も構えの崩れが原因で不調に陥ったことがある。そんな時はその都度、構えに戻るのだ。

フォームについても同様だ。意外に思われるかもしれないが、僕は日々の稽古時はゆっくり動くことを心がけている。〝Slow〟に動作を行い、身体各所の感覚を研ぎ澄ましつつ、運ばれるエネルギーの〝Flow（流れ）〟を感じるのだ。自主稽古の際、深くその感覚に没頭していくと時間を忘れてしまうことがある。

肉体と意識を動きのなかで調和させる訓練はとても地味で、また修得するには時間がかかるが、諦めずに根気強く続けていくしかない。何度も繰り返し同じ動作を行い、筋肉と神経系統に覚え込ませるのだ。高速度の動きでごまかすことは簡単だが、ゆっくり正しく動くことのほうが重要である。効率的なフォームと脱力があってこそ、真のスピードが生まれるのだ。精密さはどこまでも追い求めるべきであり、これでいいということはない。

武術に限らず、どこまでもベストを目指し続けることが、自身の成長に繋がるのだと僕は思う。

そしてその先へ――

何者でもなかった自分だが、ジークンドーに出会い、ひたむきに突き進んできたことで新たな扉が開き、自分の道が開けてきた。自分を取り巻く世界の輪郭が見えてきて、段々と形を成してきた。

そしてその形はいま、常によどみなく流れ続け、固まることなく変容を続けている。「水のようになれ」とは、ブルース・リーの残した有名な言葉であり、僕自身にとっても大切な教えとして心に刻まれている。

水の特性は、ジークンドーにおける戦い方の理念だけでなく、人の生き方にも当てはめることができる。水は、変幻自在に姿を変えながらあらゆる形に柔軟に適応し、時には固い岩をも打ち砕く。一方で、水は冷やされれば氷にもなる。それまでどんな器にも変容して適応してきた水は、氷となることで柔軟性を失い、自分と同じサイズの器でなければ合わなくなってしまう。氷のような性質では、変幻自在な変化をもって物事に適応することは不可能だし、身体も心も凝り固まり自分勝手な考え方、関わり方しかできなくなるだろう。

氷を解かすことができるのは、他からのはたらきかけであり、自分を変えるきっかけというのは、そうして見出されるのだと思う。

また、ジークンドーでは技法を日々増やしたり付け足したりせず、減らしていくこと、単純化し、かつ洗練させていくことに重きを置く。そのプロセスは〝仏師〟の仕事にたとえられる。これ以上、コンマ何㎜でも彫ったら仏の頬から血が出るくらいまで、極限まで夾雑物《きょうざつぶつ》を削り、木のなかから仏を迎える。まさに無為無作《むいむさ》、ありのまま、木から仏が出現する手助けをすることが仏師の仕事である。武術の技法を単純化させ、洗練させていくことは、この工程とよく似ている。

いつの日もジークンドーという武術と向き合い、くる日もくる日も修練をしてきた。稽古を始めるのがしんどい時、怪我をした時、風邪をひいた時、嫌なことがあった日……。それとは反対に、妙にエネルギッシュな時……。日常のなかで生まれる浮き沈みを感じながら、当たり前のように日々フットワークを行い、木や葉っぱ、影や空気に突きや蹴りを放つ。月明かりや朝陽の下、これまで何万回、何十万回繰り返してきただろうか。

「千日の稽古を鍛《たん》とし、万日の稽古を錬《れん》とす」とは、剣豪・宮本武蔵によって書かれた『五輪書』の一節であるが、1年が365日なので千日は約3年、万日は約30年となる。継続するということがいかに厳しく、険しい道のりであり、そしてそれが大切であることを武蔵は説いている。

遠い昔、修練を始めたばかりの頃の記憶——。師の背中を見て、果てしない道のりを感じながらも、とにかく自主稽古を重ねた日々のすえ、いつしか少しずつ武術の理合いが身体を通して明瞭になっていき、自分の身体も段々と動くようになってきた。

だが、数十年経ったいまも未だに満足のいく動きはできないし、未だに師から新たな身体操作や武技の使い方を学ぶたびに、振り出しに戻されるような感覚に陥ることがある。

「いつまでたっても、同じところをぐるぐる回っているのではないか」と、自分の進歩を不安に思うこともあるが、そうではないということは永き修行で分かったことの一つだ。実は少しずつ少しずつ、それは螺旋《らせん》階段を上がるように上昇しているのだ。同じ位置をたどらず、どこまでも上昇するイメージは、〝亀の歩み〟の僕にとって希望が見える捉え方であり、そうやって僕は自分を鼓舞してきた。

武術の修行はとても厳しく、痛みもともなう。試合もない、ゴールもない道のりは、傍から見たら理解に苦しむところもあるだろう。

「武術とはこういうものだ」とは決して言い切れないが、武術とは、修行を通じて自分自身を知り、自分以外の関わりについて学んでいくことだと僕は思う。分からないこと、知らないことを知り、探求していくその道のりを、僕はずっと楽しんでいる。

それはとても永い旅になるが、まだ出会えていない感動と自分自身の成長を目指し、僕はこれからも、ジークンドーの道を歩み続けるのだ。

あとがき

乾いたコンタクトレンズの上から目薬をさす。先ほど入れたばかりの白湯《さゆ》を口に含み、じんわりと胃に広がる温かさを感じている。カルデサックのルームスプレーを座っているデスクの周りに一吹きすると、まるで森のなかにいるようにヒバの香りが広がり五感を刺激する。ブラインドを開けて空を見上げると、月明かりが煌々《こうこう》と輝いていた。こうして余計なことをやっているうちに時間はどんどんと過ぎるのだ。

執筆は亀の歩みにも追い越されてしまうようなペースで進んでいた。亀より遅い歩みをする生き物に何が挙げられるだろう……と、また脱線しそうな頭を切り替える。幼い頃のことから少年時代、学生時代と、記憶を遡《さかのぼ》る作業はまるでSF映画のなかのタイムスリップのようで、いまの記憶を持ったまま過去の自分の様子を見ているようだった。深く深く過去と対話していくと鮮明に情景が蘇る瞬間があり、すぐに消えてしまいそうなそれを、どうにか取りこぼさないよう大事に書き留めた。その時に受けた言葉や感情と、現在の自分の思い、それらを文字にすることの難しさにぶつかるたびに、自分の表現力やボキャブラリーのなさにしょんぼりした。

映画出演の時も感じたことだが、本の世界もまた、想像を絶するパワーと才能が必要とされる。そんな人たちが息づく世界に簡単に入ってはダメだと思う一方で、与えられたミッションに真っ向から挑むことが自分らしくもあり、やると決めたらとことんやりたい。そんな思いからも、いわゆるゴーストライターをつけずに、すべて自分の言葉で綴ってこの本を完成させたいという願いを込めて、執筆はスタートした。

日々時間に追われ、迫りくる締め切りを前に、僕の頭が言葉と文字に埋もれていた頃、気になる言葉に出会った。スタイリストTEPPEIさんのインスタグラムのストーリーである。ハンガーにかかる大量の衣服が日々映し出され、そこには「ファッション砂漠」という言葉が添えられていた。砂漠――。思えばこの執筆作業は、僕にとってまさに砂漠にいるような感覚だった。砂漠という執筆の世界でオアシスを求め彷徨《さまよ》う毎日は、自分自身と向き合うことの闘いでしかなかった。

後日、ミュージシャンのハマ・オカモトくんの番組に出演した際、リハーサルを終え本番までの間、用意された楽屋で同じ収録現場にいたTEPPEIさんに、あの言葉の意味と砂漠の先に見えた景色について話すことができた。本番前にもかかわらず、なぜかお互い泣きそうになりながらこの話題に盛り上がった。物事は、どんな分野から追求していっても、すべてが集約された一つの場所に本質があるのかもしれない。それが武術、ファッション、または執筆であっても、一つのことを追求していくと、それぞれの深さによって、同じように自分の世界や交流が広まっていくのではないか。

言葉をつむぐことの難しさは、武術修行によく似ていた。自分が何を思い、何を考え、どう歩んできたのか。それを文字に表していく。いいセリフを書こうとしたり、表現をとり繕《つくろ》ったりしてしまいそうになるが、そうした不純物を取り除き、本来自分が伝えたい思い、ひいては本当の自分自身というものを見出していく作業は、まさに僕の武術修行とリンクするところだ。

「HIGH PURITY」と書かれたカップに注いだ白湯は、すっかり冷えて、水になっている。両腕を天井に向け、思い切り身体を伸ばしストレッチをする。身体の緊張がほぐれると、突きや蹴りを放ってしまう癖はどうにかならないものだろうか。

パソコンを閉じて窓を開けると、冷たく新鮮な空気が全身を包んだ。体中にしみ込ませるように深く息をする。先程まで目の届く位置にあった月もすっかり姿が見えなくなっていて、東の空はだんだんと、ほのかに黄色がかった青色に染まり始めている。目の前に広がる当たり前に繰り返される美しい景色に、「よし！」と心のなかで言ったつもりが口に出ていた。

夜明けは近い——。

『陰と陽』を読んでいただき、ありがとうございます。

とにかく遅筆で、初めは本当にやり切れるのか不安に苛《さいな》まれていましたが、無事に世に出すことができました。次第に書くことに楽しみを見出せるようにもなり、僕はこの執筆作業のなかで少し成長することができたのかもしれません。

この本は、たくさんの素晴らしい制作陣の皆さまのお力添えでできています。

それぞれのジャンルで第一線でご活躍されているクリエイターの方々にもこの作品にご参加いただき、自画自賛で申し訳ございませんが、素敵な本に仕上げることができました。

装丁とブックデザインを手がけてくださったアートディレクターの石井勇一さん、巻頭・巻末ページで撮影をしてくださった写真家のＨＩＲＯ ＫＩＭＵＲＡさん、ヘアメイクの高取あっちゃん、巻中ページでスタイリングしていただいたＴＥＰＰＥＩさん、ヘアメイクのＴＡＫＡＩさん、写真家のKodai Ikemitsuさん、大変ご苦労をかけました編集担当の池内宏昭さん、この本の企画立案をしてくれた優子さん。あたたかく見守ってくださったヒロ渡邉先生。支えてくれた家族。

皆さま本当にありがとうございました。

２０２２年　秋

石井　東吾

石井東吾　いしいとうご

1981年3月12日生まれ。ジークンドー・インストラクター / 武術家。1999年よりヒロ渡邉師父に師事。2003年に初渡米しブルース・リーの直弟子であるテッド・ウォン師父よりプライベート・レッスンを受け、以降2010年までの間、渡米を繰り返し修行を続ける。その後もヒロ渡邉師父の下で研鑽を続け、ブルース・リーの遺したジークンドーに関する詳細な技術と知識を修得する。2020年、YouTube出演から一躍脚光を浴び、その卓越した技術と親しみのある人柄から人気を得る。現在は東京を中心にジークンドーの普及と発展に尽力している。DVD『ジークンドー・ファイナルステージ～究極のカウンター戦術～』(BABジャパン)、YouTube『ワンインチチャンネル』、オンライン道場『ONE INCH SALON』ほか、俳優として映画出演、多方面のメディアへ活動を展開する。

陰と陽

歩み続けるジークンドー

2023年1月 3 日　第1刷発行
2023年2月16日　第2刷発行

著者　石井東吾
発行人　土屋徹
編集人　滝口勝弘
編集担当　池内宏昭、酒井靖宏
プロデュース　石井東吾
企画 / A&R　上田優子

発行所　株式会社Gakken
〒141-8416　東京都品川区西五反田2-11-8
印刷所　中央精版印刷株式会社

〈この本に関する各種お問い合わせ先〉
本の内容については、下記サイトのお問い合わせフォームよりお願いします。
https://www.corp-gakken.co.jp/contact/
在庫については　Tel 03-6431-1250(販売部)
不良品(落丁、乱丁)については　Tel 0570-000577
学研業務センター　〒354-0045 埼玉県入間郡三芳町上富279-1
上記以外のお問い合わせは　Tel 0570-056-710(学研グループ総合案内)